戎光祥
郷土史叢書
05

肥前千葉氏の戦国時代

族の分立・内乱・滅亡

東 統禅
Azuma Tozen

戎光祥出版

はじめに

肥前国とは、佐賀県と長崎県を合わせた旧国名である。千葉氏は下総（千葉県）から肥前小城郡《おぎぐん》に来住し、胤鎮《たねしげ》の代には「肥前国主《こくしゅ》」とも評され、そのため小城も国府《こくふ》と呼ばれるに至った。胤鎮は胤基に続く千葉氏の当主で、佐嘉（賀）・杵島《きしま》郡をも併合し肥前千葉氏を飛躍させた人物である。

しかしこの頃、千葉氏の重臣である中村氏が大内氏の先兵として弟の千葉胤紹《たねつぐ》の系統をかつぎ、千葉一族は分裂した。数代にわたる内乱・抗争（内訌《ないこう》）ののち胤紹系が一門の惣領《そうりょう》となり、千葉氏は大内派となる。この中村氏は東の杵島郡長島庄の渋江《しぶえ》一族で、南方の藤津郡の大村氏との間で領有権紛争をかかえていた。この地域紛争が千葉氏の命運を大きく左右していく。

そして少弐《しょうに》氏と大内氏の対立を背景に、千葉胤朝《たねとも》の代でこの胤紹系も東西に分裂した。この内訌のさなか、大宰府の少弐氏は千葉氏を自陣営に奪還しようと養子を送りこんで一門衆化し、衛星国化していく。この分裂相のもと、南方の大村氏・有馬氏が国境を連年、脅かすようになり、東方では龍造寺《りゅうぞうじ》氏が台頭した。こうして小城の繁栄は終わり、戦火で城下町も焼失し荒廃していった。そして筑前から逃れて来た少弐氏に東肥前の主導権は移り、ついには大内・大友の新しい対立軸の下で龍造寺氏が新たな覇者となっていくのである。

肥前千葉氏は小城でもその草創期しか語られず、勢い、舞台は小城町に限られてきた。本書では、戦国前史として千葉胤鎮から西千葉胤治《たねはる》までの内訌を中心に記した。この内訌期を俯瞰的《ふかんてき》に理解する鍵が、右の中村氏である。

また、西千葉胤治は今までまったく注目されなかった人物だが、肥前千葉氏が少弐千葉氏へと変容する過渡期の西千葉氏当主で、東西分裂期を理解するキーマンである。

本書は、東尚盛《ひさもり》・筑紫満門《つくしみつかど》の滅亡で筆をおいた。彼らは大内方で、西千葉胤資《たねすけ》や胤治を殺害した。後代の西千葉胤勝《たねかつ》・胤連《たねつら》については多くの書籍に記されており、そちらを参照いただきたい。

多くの先達が旅立ち、古老もいなくなった。中央（東京や県庁所在地）からの目線で語られる歴史しか残らぬ時代であるからこそ、地域の歴史を地元の目線で語る方が増えてくれれば幸いである。それこそが地霊（ゲニウス・ロキ）と化した往古の武人らへの何よりの鎮魂であろう。

二〇二四年一月

東　統禅

目次

戦国前期の九州北部地図

※地形は現在のもの

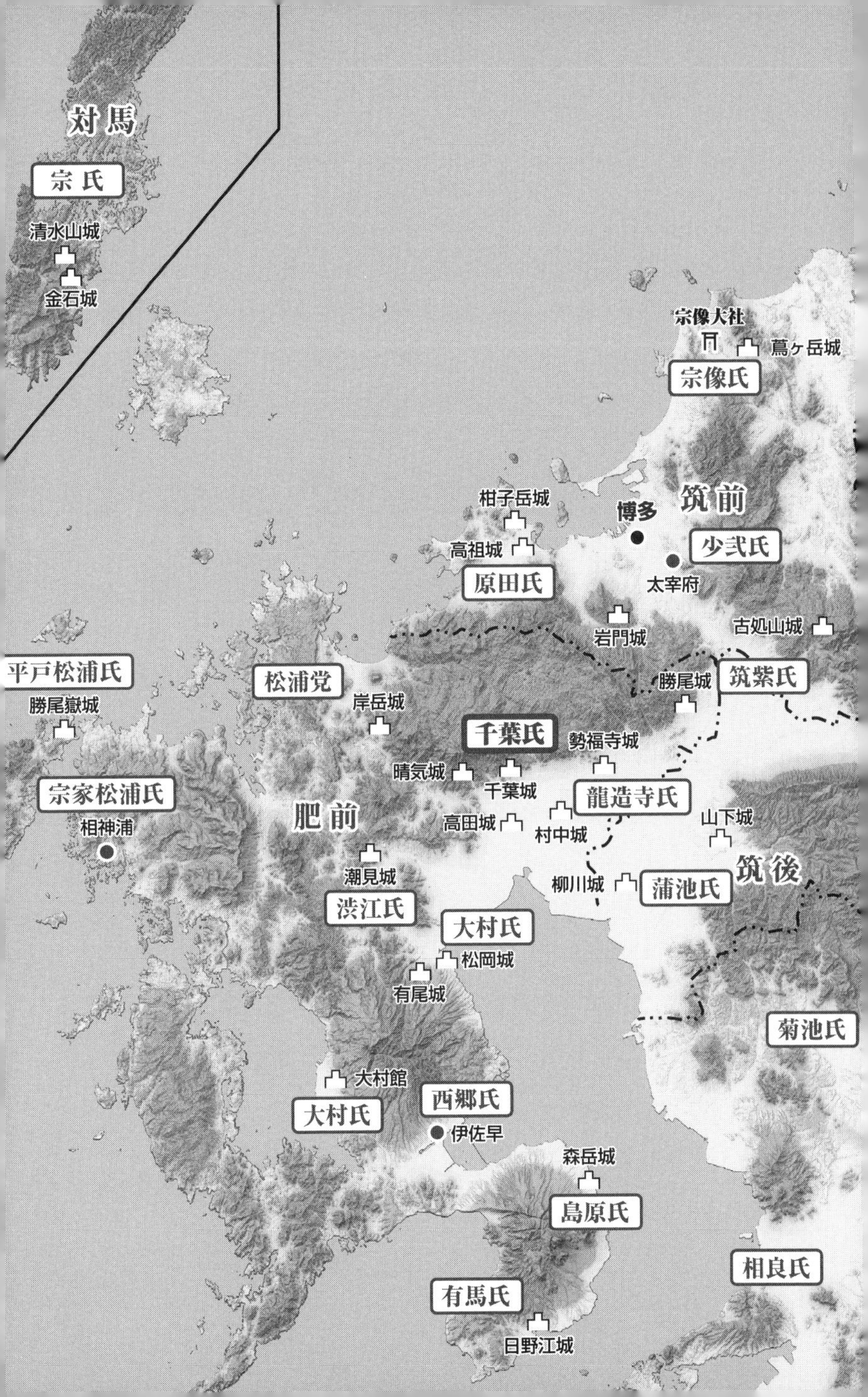

対馬
宗氏
清水山城
金石城
宗像大社
蔦ヶ岳城
宗像氏
筑前
博多
柑子岳城
高祖城
原田氏
少弐氏
太宰府
岩門城
古処山城
平戸松浦氏
勝尾嶽城
松浦党
岸岳城
勝尾城
筑紫氏
千葉氏
勢福寺城
晴気城
千葉城
龍造寺氏
宗家松浦氏
相神浦
肥前
高田城
村中城
山下城
潮見城
筑後
柳川城
蒲池氏
渋江氏
大村氏
松岡城
有尾城
菊池氏
大村館
西郷氏
大村氏
伊佐早
森岳城
島原氏
相良氏
有馬氏
日野江城

第一部

肥前千葉氏の分裂と内訌

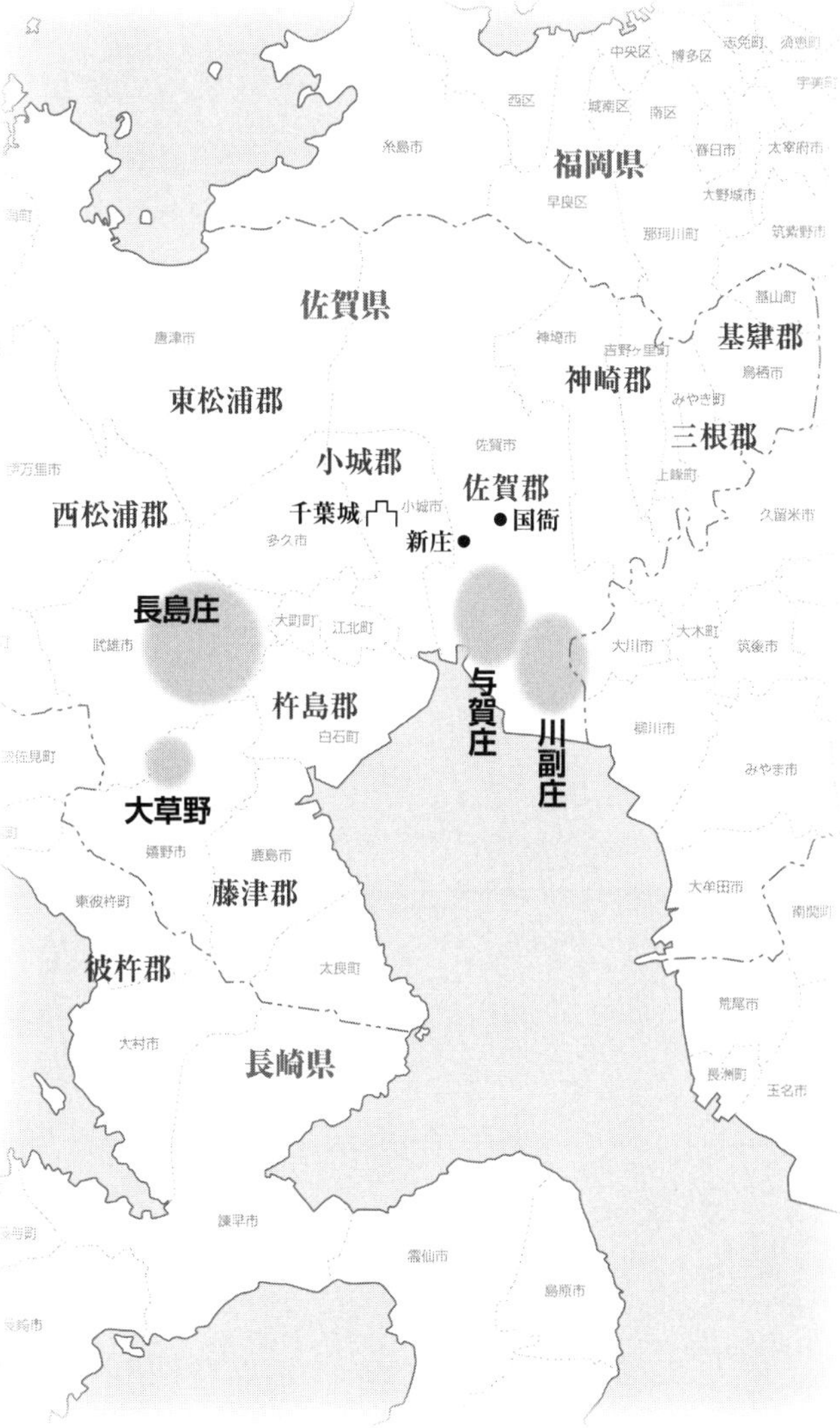

序章　内乱に明け暮れた戦国時代

肥前千葉氏の戦国時代は内乱の歴史で興趣も尽きないが、「胤という名のつく人物ばかりで混乱する」と地元でも嘆かれ、肥前千葉氏の内乱史全体を見通せる切り口を長く探し求めていた。そこでその解として、本章前半で千葉氏の重臣であった中村氏を軸として通覧することとした。中村氏は、大内・少弐の代理戦争における大内氏の尖兵である。後半では、少弐氏による千葉氏の一門衆化を軸として記した。本書の始まりに、これらの切り口から見通すことで、よりわかりやすく読者を肥前千葉氏の戦国世界へ誘《いざな》いたいと思う。

肥前千葉氏と武雄の中村一族

当時の九州北部は大内氏と少弐氏が対立し、千葉氏も胤鎮《たねしげ》の代から少弐《しょうに》陣営に属していた。大内氏にとって対少弐氏の政略上、後背地の肥前で国主同然の権勢をもつ千葉氏の向背は重要だった。いかに大内氏といえども、大義名分―幕府の裁可もなく恣意的《しいてき》に筑前や肥前に侵攻しても在地の国衆《くにしゅう》の支持は得られない。だからこそ、千葉家中での第五列（敵中に紛れ込み内応する部隊または人のこと）は歓迎するところであった。小城《おぎ》千葉家中で、この第五列の役割を担ったのが中村氏であった。この中村氏は長島庄（佐賀県武雄市）の橘《たちばな》姓渋江《せいしぶえ》一族で（石井良一『武雄史』）、その通字は渋江氏の「公」である。かたや「九州治乱記」などは、中村氏の通字は千葉氏の「胤《たね》」とする。そのため比定には限界があった。だが先年、小城鍋島文庫中の「中村平姓系図」（以下、「小城中村系図」）が渋江系中村氏の系図と対応するのを見い出したことで比定が可能となり、ようやく千葉家中での中村氏の動向が俯瞰できるようになった。

はじめて肥前に来住した橘公業《きんなり》は、源頼朝の信頼する御家人だった。奥州藤原氏討伐では出羽《でわ》国男鹿《おが》半島ほかを与えられ、遺臣の大河兼任《おおかわかねとう》の反乱にも遭遇した。のち頼朝の死後、長島庄の総地頭に補《ぶ》任《にん》されて来住した。その長子たる公義《きみよし》父子は潮見川を築造して長島庄下村（佐賀県武雄市橘町）の平野を開墾、弟の公員《きみかず》は上村（佐賀県武雄市北方町）を領したという。公義の長子は渋江と姓をあらため、その弟らは牛島・中村・中橋と名乗った。

正応五年（一二九二）時点の肥前は神埼庄が最大の庄園で、長島庄一五一七町は二番目、川副《かわぞえ》庄一〇六七町は三番目だった。ところが、神埼庄は寺社領や御家人領が複雑に入り乱れ、南北朝の頃にはほとんど庄園の体をなしていなかったという。実質的には長島庄こそが肥前で最大だった。

中村氏は印鑰《いんにゃく》社を古代官道沿いから、本拠地たる「中村の森」のある大日（佐賀県武雄市）に移した。今日、中村の森には大日堂があり、北脇の前田堂内には印鑰社石祠がある。印鑰社は国衙《こくが》や地方官衙の所在地たる軍団駐屯地におかれた。中村氏による印鑰社の移転は、肥前有数の庄園である長島庄の主導権と貢納物の舟運を掌握したことを象徴的に示している（『橘町の史跡めぐり』・「橘氏の分家とその家業」『大村史談』五九）。さらに、中村氏が押さえた「東福寺は庄衙近辺で水源に位置し、東福寺谷全体の水利掌握、勧農権こそ真に領家が、そして地頭が欲したものであったろう。東福寺谷は中世にあっては安定水田として周辺のどの場所よりも富を供給する地であった」（服部英雄『景観にさぐる中世』）という。舟運と東福寺谷をおさえたことが、中村氏の力の源泉となったのだろう。なお、中村氏の家紋は橘紋で、本家の渋江氏と同じである。

さて、武雄（佐賀県武雄市）の中村氏が小城《おぎ》の千葉家中の定策国老《キングメーカー》（国君擁立者）として登場するのは、胤宣からである。渋江氏は一族の牛島氏との内紛で衰え、その間隙を縫って藤津郡の大村氏が侵食した。渋江一族の中村氏の領地は大村との最前線にあり、中村公廉は大村領の大草野北方（佐賀県塩田町北西部）を占拠した（「橘中村文書」）が、この公廉は「九州治乱記」の中村胤宣に比定される。胤宣は千葉家中で重きをなし、中村氏と大村氏の大草野北方をめぐる対立は千葉氏の帰趨に影響を与えることになる。

中村胤宣の反逆で胤鎮を追放

応永三十二年（一四二五）、少弐満貞・千葉胤鎮は探題《たんだい》渋川氏（大内方）を博多から放逐した。千葉胤鎮の代から千葉氏は少弐方となり、少弐・千葉対大内・探題という対立軸が定まった。この対立構造の中で、大内派の中村氏が千葉家中で策動する。永享元年（一四二九）、大内盛見《おおうちもりあきら》は幕府料国の筑前の代官となり、同五年に大内持世《もちよ》は少弐満貞を討ち取った。「九州合戦、大内打ち勝ち、少弐引き退く」（「看聞日記」）とあって、大内氏の重圧は年々強まっていった。

永享九年（一四三七）冬、中村胤宣は千葉胤鎮の家宰《かさい》だったが大内氏と通謀し、主の胤鎮を廃して弟の千葉胤紹《たねつぐ》を擁立した。翌永享十年には大内勢の援助もあり、胤鎮を放逐したという（「橘中村文書」）。中村氏が大内氏を通じて幕府に働きかけ、千葉胤紹は小城郡郡司に補任された。中村も御家人・小城郡代に補任されたという。そして幕府は中村胤宣に、千葉胤鎮は「多年少弐に一味し公儀に不忠」だとして誅伐するように命じた。その後、しばらく千葉胤紹の支配が続いた。中村胤宣の絶頂期であった。文安元年（一四四四）冬、千葉胤鎮が挙兵し、岩部・仁戸田も従った。翌年六月頃には少弐教頼は二年ぶりに大宰府（福岡県太宰府市）に復帰し、八月には少弐派の胤鎮が反撃に転じて中村氏や千葉胤紹を討ち取り、小城郡に返り咲いている。

元胤の執権は岩部常楽か中村越前守か

筑前では大内勢が圧倒的で、少弐派には厳しい時代が続いた。かたや小城郡では康正元年（一四五五）、千葉元胤が胤鎮の跡を継いだ。文安年中（一四四四～四九）に千葉胤鎮の再起を支持した譜代の筆頭には岩部常楽が挙がり、元胤の家督相続の時にも岩部常楽が執権だったとする。かたや「鎮

肥前千葉氏系図（〜戦国後半）

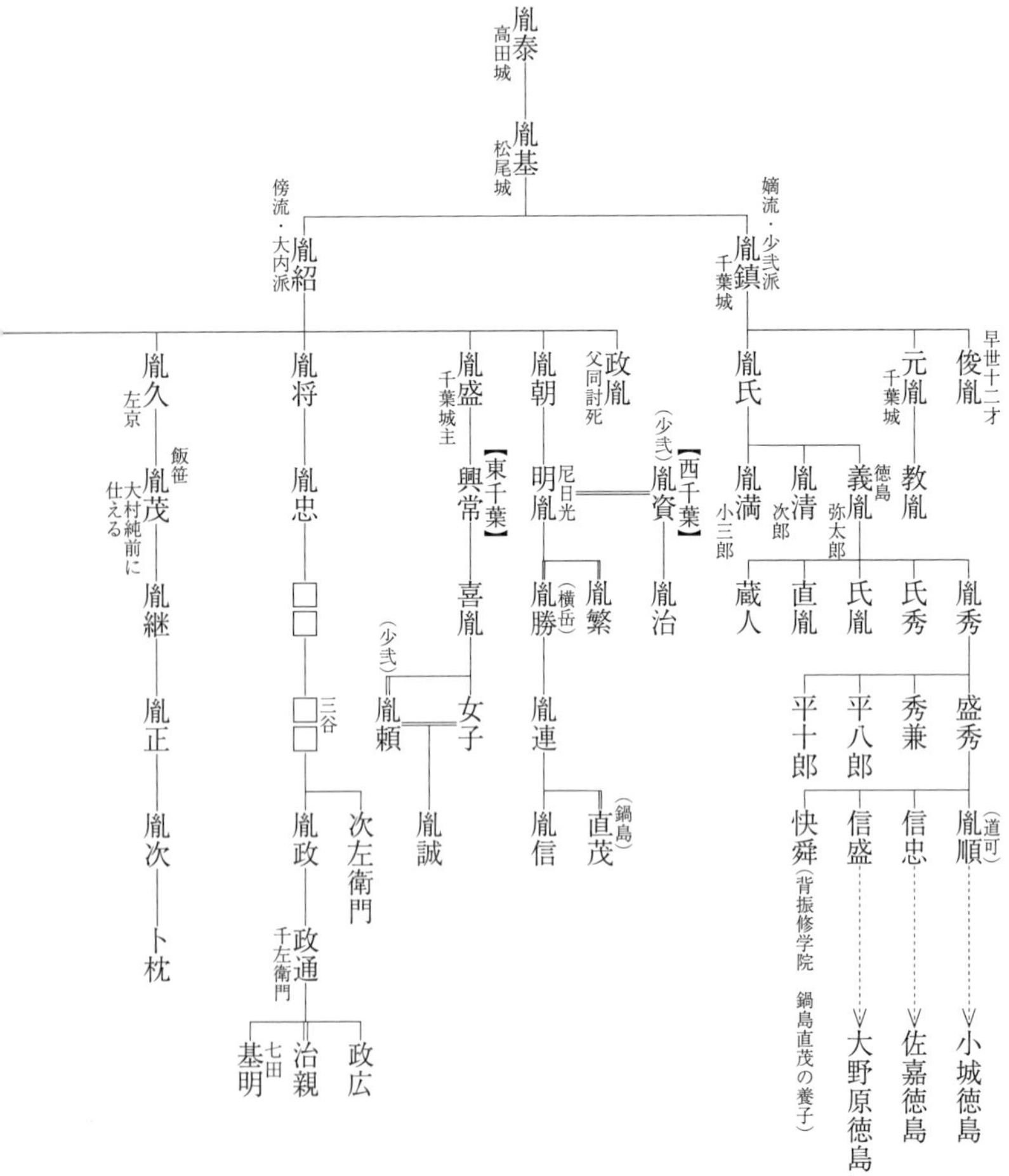

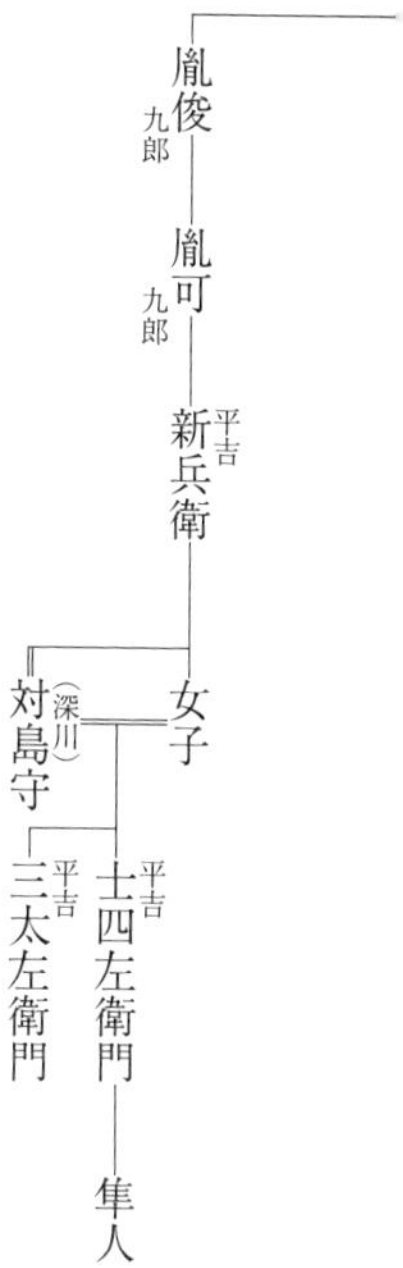

西志」「鎮西要略」では、元胤が惣領となって「中村播磨守、家事（政治）を行う」とする。

そして千葉元胤が死去したときの執権は、諸書に中村越前守胤頼とある。『武雄史』は、胤頼を中村播磨守公頼に比定する。一次史料には越前守・播磨守とも名があがるが、「岩蔵寺資料」では中村越前守の記録しかない。『武雄史』は、「橘中村文書」と他の史料を照らしあわせて二人は同一人だとみた。中村播磨守がのちに越前守になったのだろう。中村氏は千葉元胤のもとですでに復権していた。享徳四年（一四五五）には、本家の渋江公代も中村氏に丁重な誓紙を出しており（「橘中村文書」）、当時の中村氏の勢威が推しはかれる（中村越前守胤頼の名は「小城中村系図」にもある。かたや「武雄中村系図」には中村公頼「改公通、中村次郎、「播磨守」……長禄三年十一月千葉元胤本領安堵の状在」とある）。

なお、「橘中村文書」では、千葉氏が杵島郡長島庄をも勢力圏とし、中村氏の本知本領が長島庄にあったことなどがわかる。「実心書状」では「家親対面致し候……小城より御帰宅……彼の地（大草野北方であろう）の事連々仰談じ然るべく候」（「橘中村文書」）ともある。重臣だから国府小城にも館はあったろうが、本拠は長島庄のままだったらしい。舟に乗れば小城と長島庄は決して遠くはない。

中村の森　佐賀県武雄市

ところで、大日の中村氏の城址は「中村の森」と呼ばれた（のち近くの東福寺に移転）。持永氏の城址が持永の森、徳島氏の城址が陣の森・蝮森と呼ばれたのと同じで、平地で城址が放置されて樹が茂ると、田や湿地の中に森があるように見える。小城郡立石にも千葉殿の森がある。

教胤の家督継承と中村氏の分裂

元胤は寛正五年（一四六四）に没し、子の千葉教胤が十四歳で跡を継いだ。この時の執権は中村越前守胤頼で、まだ若い教胤を輔弼して威を振るい、その同僚が老臣岩部播磨守（常楽）・胤頼の甥の中村弾正胤明だった。「これら小城郡における中村氏は、中村左衛門五郎（胤宣）の郡代就任から実に二十七年」（『武雄史』）であり、最盛期の千葉介でも切るに切れぬ勢力を再び千葉家中で築いていた。しかし、中村胤頼と二人の間には溝があり、岩部常楽・中村胤明は胤頼を裏切ることになる。

この頃、千葉胤朝が嫡流家（胤鎮系）への報復のため密かに大内政弘に随従し、探題渋川教直や今川胤秋とも通じていた。胤紹の子である。そして胤朝は今川胤秋をして挙兵させた。寛正六年（一四六五）には千葉氏の家宰中村胤頼は主の代将として新庄の今川館を先制攻撃した。小城からは岩部常楽・備中守、中村胤明、仁戸田胤範・左馬助、中村伯耆守らが従軍したが、この仁戸田胤範には、中村胤頼の弟中務少輔が養子となっていた。また、中村伯耆守は胤頼の弟で、弾正は伯耆守の子・胤頼の甥にあたる。この軍勢の主体は中村一族であり、その勢威がわかる。

今川方は烈しく抵抗した。中村胤明は岩部と共に裏切って敵の今川氏に通じ、戦線を離脱して帰国した。中村胤頼は川上（佐賀市）で今川勢に討たれ、胤頼父子や伯耆守他は討ち死にした。激戦の末に残軍首脳部が今川氏に和議を乞うて休戦したが、その中には中村胤頼の弟の仁戸田中務少輔がいた。

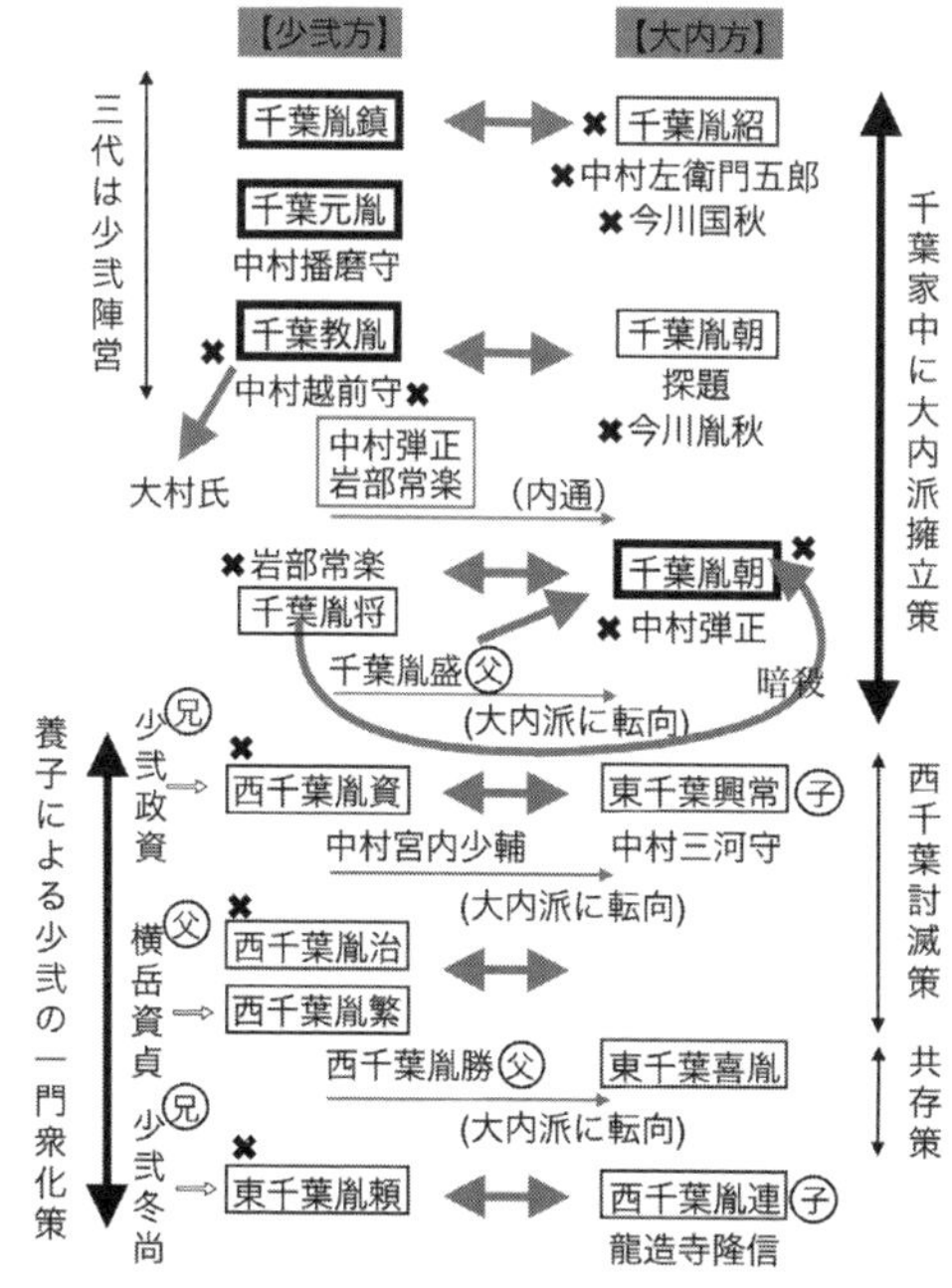

肥前千葉氏の歴史の俯瞰図

応仁元年（一四六七）五月、応仁の乱が勃発した。鎮西（九州）諸将の少弐・千葉・大村氏らが東軍に参じた。大内氏は西軍領袖のひとりで、少弐と大内の対立は応仁の乱にそのまま持ちこまれた。六月には今川胤秋・探題渋川勢（大内派）は佐嘉郡の士卒を率いて小城に侵攻、岩部・中村などが迎撃したという。その後、胤秋は討ち死にした。岩部や中村胤明は中村胤頼を戦死に追いこみながら千葉家中にとどまり、のちの教胤の死の時も執権だった。面従背腹で、主を裏切りながら家老はやめない。まさに「獅子身中の虫、獅子を喰らう」で、これでは千葉氏がいかに強勢とはいえ、その行末は破綻しかない。これは権臣の横暴と言うより、大内氏の尖兵としての代理戦争の文脈で見るべきだろう。

教胤横死で兄弟が家督を争う

おなじ東軍の大村氏の去就には疑わしいものがあり、そこで文明元年（一四六九）の夏六月、千葉教胤は小城・佐嘉郡の兵を率いて藤津郡（佐賀県鹿島市）に出兵し、かえって陣没した。一族郎党も多くが亡くなり、叔父の千葉胤氏が辛くも生還した。だが、一族や家人《けにん》は千葉胤氏ではなく遠縁の千葉胤朝を次の千葉氏当主に決定し、小城に迎えいれた。胤朝は嫡流家の胤鎮系にとっては宿敵で、かつて大内氏と通じて本家の教胤を倒そうと、今川胤秋の乱を煽起した。その推戴は重臣の意向なくしてはできない。そして、今川胤秋と通謀して中村越前守を死に追いやったのが執権の岩部常楽や中村胤明であった。特に中村胤明は祖父が大内派で、結果的にその動きは終始一貫して大内（西軍）陣営であった。胤鎮系が胤紹系に取って代わられて千葉氏は少弐陣営から大内陣営に転換し、結果的に、胤朝の擁立はまさに大内派による政変ともいうべきものであった。

千葉教胤が藤津郡攻めで陣没し、岩部と中村胤明はそのまま執権として新当主の千葉胤朝に仕えた。ここで中村の讒言により胤朝は佐嘉郡の岩部を討伐せんと決し、仁戸田近江守を派遣した。この近江守は父が中村氏出身で仁戸田氏を嗣いだもので、中村胤明の従兄弟にあたる。

岩部氏はかつて文安元年に千葉胤鎮が再起した際に支持し、その再起の背景には少弐の筑前復帰があった。今回も岩部は少弐氏を頼んだ。翌文明二年（一四七〇）、岩部は千葉胤朝の弟の胤将を擁立。ここにおいて戦いは千葉兄弟の家督争いという構図になり、少弐政資も大義名分をえて千葉胤将・岩部への援勢を派遣した。当時は応仁の乱の最中で、千葉教胤は細川・少弐氏と同じく東軍派だった。かたや大内氏は西軍派の巨頭で、中村氏や千葉胤朝とも関係が深かった。ここで細川・少弐対大内の構図が再び露わになった。そしてその後、中村胤明・岩部常楽ともに陣没し、胤将は亡命した。

少弐政資の逃亡と大内氏の対千葉政策

辣腕家の少弐政資が一族を継いだのは応仁二年（一四六八）で、大内勢が上洛して九州が手薄になっているのに乗じて筑前を奪還した。その後、少弐政資の後援をうけて弟の千葉胤盛が千葉胤朝に戦いを挑み、一時は「小城の城」を奪い本拠とした。ところが文明九年以降（一四七七～）、大内政弘は西国重視に回帰し、翌年には反転攻勢して筑前を再制圧した（『正任記』）。肥前でも大内派の千葉胤朝が優勢となった。大宰府の政資は肥前の松浦郡に逃れ、文明十四年には与賀庄に移り再起を模索した。

西日本最強をうたわれた大内氏は一三〇〇年代後半、豊後の大友家に介入して自派を当主に据えようとした。そのため、大友家は数代にわたり二派に分かれて内訌が続いた。大友親繁に至りようやく豊後は一国としてまとまり、大内氏の介入を排除した。そして一四〇〇年代、大内氏は今度は肥前国中央部の千葉氏に介入した。小城の千葉氏は胤鎮から少弐方だったが、重臣の中村氏は胤宣以来、多く大内氏とつながり、その尖兵として大内派を千葉家中に擁立しようとしてきた。それは当初、反抗的な少弐氏の討伐を求める室町幕府の方針に沿ったものであった（この構図は管領細川と大内の対立でのちに変化し、細川・少弐対大内の対立軸となる）。当然ながら中村氏もつねに大内陣営だったわけではない。中村胤頼は少弐派の千葉教胤を支える執権だった。しかし総体としては、中村氏が千葉氏を大内陣営に転換すべく擁立を図り動いてきたことは歴然としている。

東西分裂期の千葉氏と中村氏

千葉胤朝が弟に暗殺されたことで少弐政資は弟の胤資を婿に送り込み、いわゆる西千葉氏が成立する。ここで大内義興は少弐氏に対抗し、千葉胤盛、次いでその子の興常をかついで家督を主張させた。明応六年（一四九七）、大内勢の侵攻で少弐政資・西千葉胤資の兄弟は滅亡した。この時の晴気《はるけ》城（佐賀県小城市）攻めでは、東千葉氏の驍将の中村三河守が先登りした。城内からは西千葉方の中村宮内少輔が大内方に内通したという。「武雄中村系図」（『武雄史』）によれば、三河守と宮内少輔は祖父と孫になる。二大勢力の千葉氏争奪戦により、中村氏も一時は父子で二陣営に分かれたのかもしれない。

大内陣営は筑前・東肥前を完全に制し、胤紹系の千葉興常はついに千葉氏の惣領となった（東千葉氏）。永正八年（一五一一）二・三月には子の東千葉喜胤と東尚盛が杵島郡に進み、大村渋谷氏を西に撃退し、杵島・藤津郡を経略した。この時に中村三河守を潮見（佐賀県武雄市）においたという。潮見城は長島庄の渋江氏の本拠だったが、当時は渋江公勢の代で日鼓《ひづつみ》城（佐賀県武雄市）に本拠を移していた。中村三河守は東千葉氏の股肱の武将で、橘渋江系の系図では十一代中村公集《きんなり》に比定される。永正四年、渋江公直は三河守に長島庄志田村の書下状（「橘中村文書」）を発給し、永正八年（一五一一）十一月十五日には、渋江公勢が偏諱を授けて公集とした。「修実／弥三郎／公集」（「橘公勢名字状」「橘中村文書」中村細童宛）。同じ名字状でも、のち大永年間（一五二一〜二八）に公勢が公集の子公継の元服で発給した文書とは明らかに様式がちがう。「修実」に着眼し、宗家の渋江公勢が中村氏への宗属関係の再構築を意図して、すでに千葉氏の元で元服していた公集に改めて偏諱を与え、改名させたのかもしれない。

この頃、中村氏は東千葉興常からも安堵状を貰っている。渋江公勢はこの頃には十分な力をつけ、東千葉氏と協調関係にあった。中村氏が両方から恩顧を受けても矛盾はなく、『武雄史』はこれを東千葉氏・渋江氏への両属と表現した。公勢の代になり本家の渋江氏が勃興するなか、中村氏は主君の東千葉氏・本家の渋江氏の間でうまく軸足のバランスを取りつつ東千葉氏に従っていたのだろう。

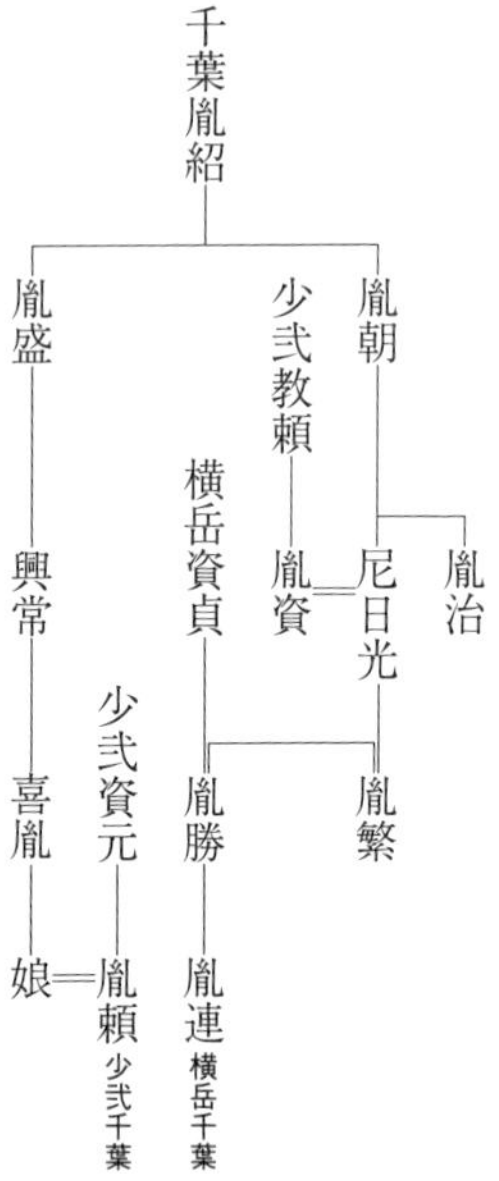

※横岳氏は少弐一門衆

千葉氏と少弐氏の関係系図

以上、千葉氏内訌期の前期は中村氏による大内派擁立工作の時期となる（千葉胤朝の擁立まで）。後期は少弐氏が対抗策として千葉氏の一門衆化を図った時期となる（胤朝の擁立以降）。

少弐政資が千葉一門衆化政策に転ずる

少弐派の千葉家中にあって中村氏は大内派の楔となり、親大内派を擁立しようとしてきた。大内派の胤朝が千葉氏の惣領となるに及び、少弐政資は弟の胤将や胤盛をそそのかして惣領職を争わせた。胤将の敗北のとき宗氏は少弐氏から離反した。文明十八年（一四八六）に胤将が兄の胤朝を暗殺するや、少弐政資は養子政策へと舵を切った。政資は千葉胤朝の娘に弟の胤資を婿入りさせて千葉氏を継がせたのである。こうして政資は以前の同盟政策から大きく踏みこみ、千葉氏を少弐の一門衆（少弐千葉）としてその独立を奪った。さらには探題渋川をも放逐し、かくして大宰府から東肥前に落ち延びて来た少弐政資が肥前東部を制した。少弐氏は、もはや対馬には亡命できない。事実、幕府の奉書をうけて、政資の要請にもかかわらず宗氏は援勢を出さなかった（「正任記」）。だからこそ、少弐氏が東肥前にあって大内氏に対峙せんとする時、後背地の小城郡を確実に確保しておく必要があった。大内派の胤朝が擁立されて千葉氏が少弐陣営から脱落した悪夢の再現は避けたいという切実な要請もあった。少弐・宗体制の終焉の思わぬ余波である。

横岳胤勝が西千葉を継承──横岳千葉氏

少弐政資の滅亡ののち、一門衆である横岳資貞が遺児の資元を擁立して少弐を復興したが、もはや東肥前の局地勢力にすぎない。当時は大内方の東千葉氏が圧倒的に強勢で、西千葉氏は消滅寸前であった。そして横岳資貞の三男満童丸が尼日光の養子となって西千葉氏を継いだ（四代胤勝）。尼日光の亡き夫は少弐氏出身で、少弐一門の実力者たる横岳氏から養子を迎えて西千葉氏再興を図ったのである。この頃の西千葉氏は当主を続けて失い、東千葉氏の傘下に降っていたと思われる。千葉氏の惣領たる東千葉介に断りもいれず、本千葉（ここでは東千葉氏）を捨てて横岳を千葉殿に仰ぐわけにはいかないと、中村ほか譜代らが離反した。「横武（横岳）千葉」の語はここで出てくる。

こうして西千葉氏は横岳系となって少弐一門衆となった。が、その後、西千葉胤勝は少弐資元から離反して大内氏に降り、実兄の横岳氏とも敵対し、結果的に少弐・横岳氏と切り離されて独立を恢復《かいふく》し、滅亡を共にせずに済んだ。なお、少弐資元は子を甥の宗家である松浦宗金の婿養子にしている。

少弐胤頼が東千葉を継承──少弐千葉氏

東西千葉氏の内戦は辺境部でそのプレゼンスを弱め、杵島郡への大村渋谷氏の容喙《ようかい》、ひいては藤津郡・杵島郡への有馬氏の北上をまねいた。天文十年（一五四一）、有馬仙岩は小城郡に進出しようとし、その脅威は丹坂口（峠）の戦いまで二十余年続いた。この頃には有馬氏は少弐陣営から大内陣営に転じていた。一方、少弐家中では龍造寺剛忠が実権をにぎり、この有馬侵攻の危機に一族の家門の策として、少弐主導で東西千葉氏を手打ちさせて有馬勢の進出をはばむことになった。そこで東千葉喜胤は、少弐冬尚の弟の胤頼（九歳）を養子婿として受け入れ、さらに西千葉胤連も甥の彦法師（四歳・のち鍋島直茂）を養子に受け入れた。かくして有馬の脅威を好機に少弐陣営は東千葉氏に食いこむ足がかりを得、龍造寺剛忠ともども千葉氏へのコミットメントを強化した。

東西千葉氏の和睦で有馬仙岩は進出を断念した。ところが、翌天文十一年（一五四二）には持病が脳に達して東千葉喜胤が自害した。「鎮西志」では、これを「行年三十四歳日来以病悪瘡《そう》自尽す」とする。瘡というと疱瘡《ほうそう》（天然痘）や皮膚病を連想するが、それでは脳には達しない。実は瘡は一字では梅毒を意味し、感染から十年くらいで重篤な症状がでる。脳に達すると頭痛や発音の不明瞭、記憶障害、妄想、痴呆、思考力低下から麻痺、死に至る。

喜胤は「天文元年、千葉屋形喜胤、大内家に隷し」（「鎮西要略」）、天文二年には東千葉喜胤は陶氏《すえ》の推挙によって大内義隆に小城・佐嘉・杵島郡に封じられたという（「鎮西志」）。天文七年（一五三八）

には大内義隆により肥前守護代に任じられた。父の興常も生涯大内派だったが、喜胤とは不和で（『九州治乱記』）、天文九年（一五四〇）に亡くなった。喜胤の死により養子の胤頼が娘と結婚して東千葉氏を継ぎ、ついに東千葉氏も少弐千葉、少弐一門衆となった。その二年後、少弐冬尚《ふゆひさ》の重臣の馬場頼《より》周《ちか》は主の少弐冬尚のため、東千葉胤頼に千葉城を明け渡させた。胤頼の養子の本質は同盟ではなく、一門衆＝少弐の傘下入りであった証左である。のち、東千葉氏は少弐氏と滅亡を共にした。

＊

後半では少弐氏の養子入り三例を見てきたが、総じて失敗におわり、当時の少弐当主はみな滅亡した。少弐は東西千葉氏を一門衆にしようとした（少弐千葉氏・横岳千葉氏）。しかし、小城郡では対馬のような安全な亡命先とはなりえず、分裂した千葉氏の一門衆化では宗氏の喪失は補えなかった。そして少弐一門衆の呪縛から離脱し、千葉氏本来の独立国衆に回帰し生き残った。

以上、前半に大内の尖兵たる中村氏、後半に少弐の一門衆化という二つの切り口から肥前千葉氏の内訌を述べた。これにより、国主同然の勢威を誇ったという声望とは裏腹に、二大勢力のはざまで分断され、地域勢力から大名に脱皮できずに他勢力に呑み込まれていった等身大の姿が浮かび上がる。小城郡は大内と少弐の両勢力の衝突の最前線だった。

なお、中村氏はのちに有馬義貞、ついで武雄の後藤氏に仕えて江戸時代には家老となる。それ以外に大村氏に仕えた系統もあった。

第一章　肥前千葉氏の黎明と発展

千葉氏惣領は下総から肥前へ

千葉氏の惣領《そうりょう》は、代々「千葉介《ちばのすけ》」という呼称を名乗ったが、これは本貫地《ほんがんち》である千葉庄《ちばのしょう》（千葉市）に由来する。惣領の千葉宗胤《むねたね》は大隅守護で、元寇の際に鎌倉幕府の命により九州に留まった。その頃、下総に残った弟の胤宗の系統が家督を継いで千葉介を称したが、長子宗胤の子孫である肥前千葉氏も、その惣領は千葉介を称している。

肥前千葉氏の祖は千葉宗胤の子の胤貞《たねさだ》で、譜代の供奉衆《ぐぶしゅう》をひきつれ肥前に来住した（小城の円明寺で胤貞が生まれたという伝承もある。「仏像銘」）。胤貞の供奉衆には次のような一族がいる（「平田書状」「神代家文書」）。たとえば、原（千葉系で小城《おぎ》に来住）・円城寺《えんじょうじ》（千葉系で小城郡晴気に来住）・中村・鎰《かぎ》尼《あま》・平田・白井・岡崎・船岡・山崎・矢作《やはぎ》・岩部・相原・平山・篠原・飯篠《いいざさ》・山口・福崎（福島）・樋口・仁戸田である。ほかにも、森山（千葉系）、加藤（源姓武田系）、東（藤原姓小山党か、小城郡）、松本（千葉系、小城郡山田）、板谷（千葉系、佐嘉郡新庄）、峯（千葉系、小城郡峯村）、山田、西川（山内奉行職）、賀村《かむら》（摩那古村大野坂来住）、金原、小出氏も千葉胤貞の下向に御供したと「小城鍋島文庫系図」他に記されている。また、肥前の千葉六老家とは、岩部・金原・原・円城寺・中村・結篠《いいざさ》である

（「正東山古文書」）。

円城寺は下総で活躍した千葉氏の一族で、小城町晴気の内浦城を居城とする。晴気に下向した胤清《たねきよ》の孫である西原胤光《たねみつ》の条には「円城寺（兄の胤行か）・千葉両家合戦の時中入りせしめ和平おえる」とある。また、「千葉殿家来十二人」とは西千葉胤連が鍋島直茂に与えた譜代の家臣たちをいう。堀江・田中・井手・野辺田・鎰尼《かぎあま》（鑰《かぎ》山《やま》）・金原・小出・仁戸田・平田・巨勢《こせ》（古瀬）・浜野・陣内の諸氏である。そのほか、龍造寺《りゅうぞうじ》四天王の成松信勝《なりまつのぶかつ》・百武賢兼《ひゃくたけかたかね》・木下昌直《きのしたまさなお》・江里口信常《えりぐちのぶつね》・円城寺信胤《のぶたね》のうち江里口と円城寺は、元は千葉氏の被官である。

下総千葉氏の本拠である千葉城跡　台地上に築かれた城で郭や土塁などが残る。中央は昭和42年に建てられた模擬天守　千葉市中央区

胤貞は北朝の足利尊氏に属し、九州での尊氏の再起にも多大な功をあげている。尊氏は九州から船団で瀬戸内海を東上した際、御座船の次に千葉胤貞の大船の船頭が挙がっている。胤貞の父の千葉宗胤は博多湾の筑前今津地頭職を保有し、今津港（福岡市）は南北朝までは千葉領だった。

のち、宗胤の長子として従弟の貞胤《さだたね》と一門の家督を争い、

下総千葉氏系図

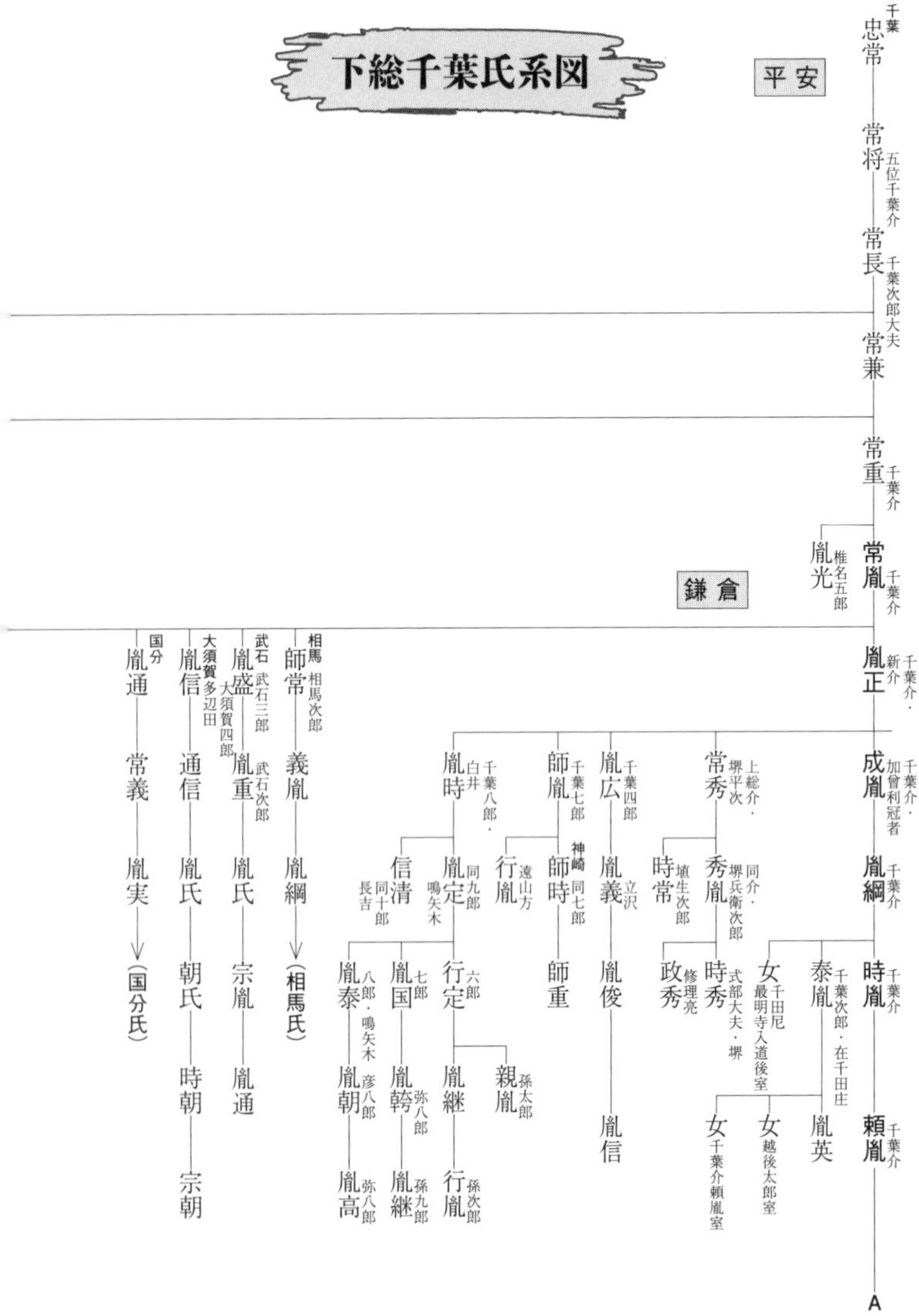
平安
千葉 忠常
常将 五位千葉介
常長 千葉次郎大夫
常兼
常重 千葉介
常胤 千葉介
胤光 椎名五郎
鎌倉
胤正 千葉介・新介
相馬 師常 相馬次郎
義胤
胤綱
(相馬氏)
武石 胤盛 武石三郎
胤重 武石次郎
胤氏
宗胤
胤通
大須賀 胤信 大須賀四郎 多辺田
通信
胤氏
朝氏
時朝
宗朝
国分 胤通
常義
胤実
(国分氏)
成胤 千葉介・加曾利冠者
胤綱 千葉介
時胤 千葉介
頼胤 千葉介
A
泰胤 千葉次郎・在千田庄
胤英
女 千田尼 最明寺入道後室
女 越後太郎室
女 千葉介頼胤室
常秀 上総介・堺平次
秀胤 同介・堺兵衛次郎
時秀 式部大夫・堺
政秀 修理亮
時常 埴生次郎
胤広 千葉四郎
胤義 立沢
胤俊
胤信
師胤 千葉七郎
神崎 師時 同七郎
師重
行胤 遠山方
胤時 千葉八郎・白井
胤定 同九郎 鳴矢木
行定 六郎
胤継
行胤 孫次郎
親胤 孫太郎
胤国 七郎
胤幹 弥八郎
胤継 孫九郎
胤泰 八郎・鳴矢木
胤朝 彦八郎
胤高 弥八郎
信清 同十郎 長吉

十曜紋

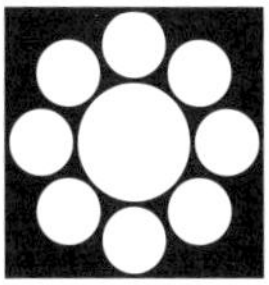
九曜紋

真向月星紋

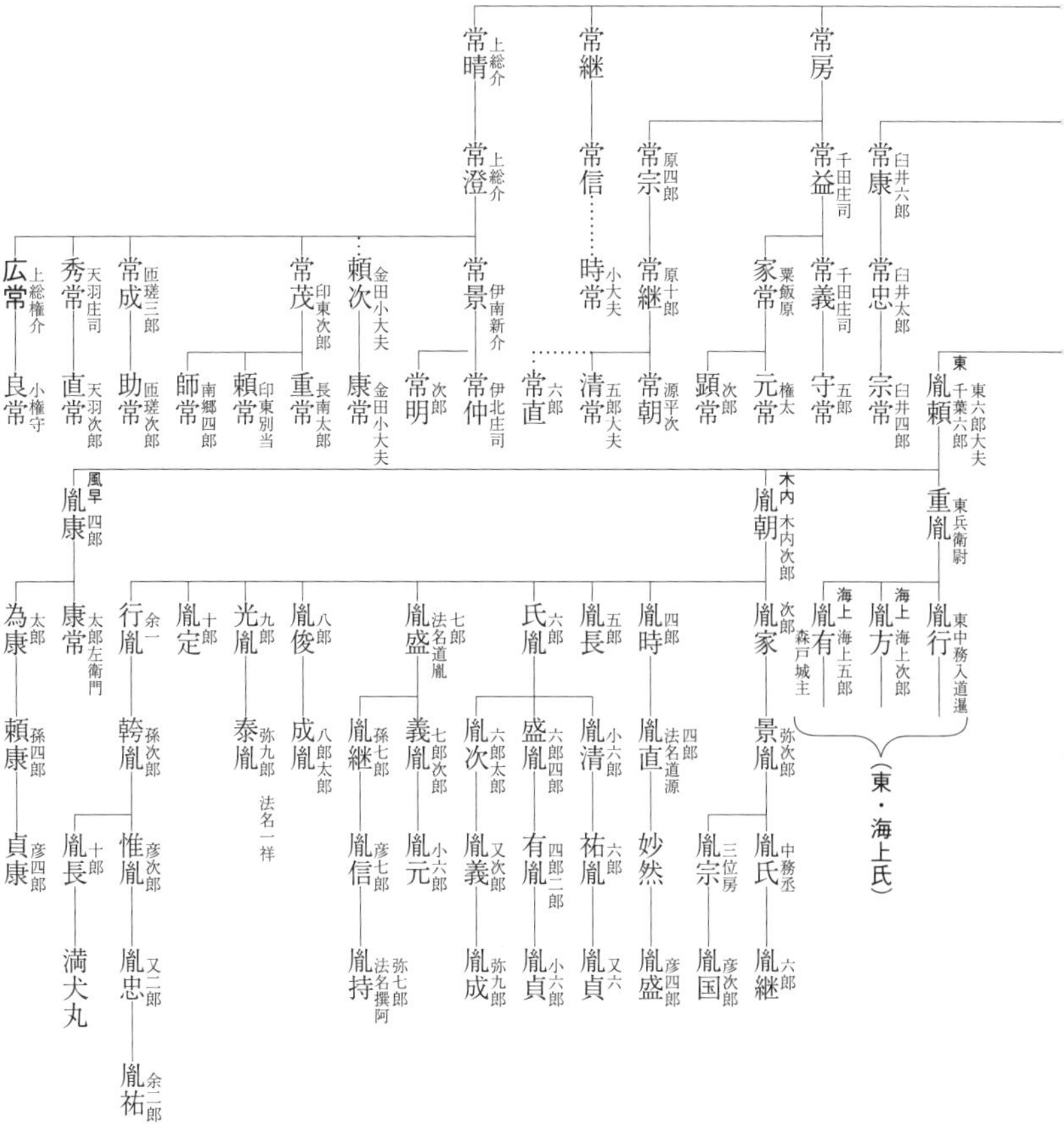

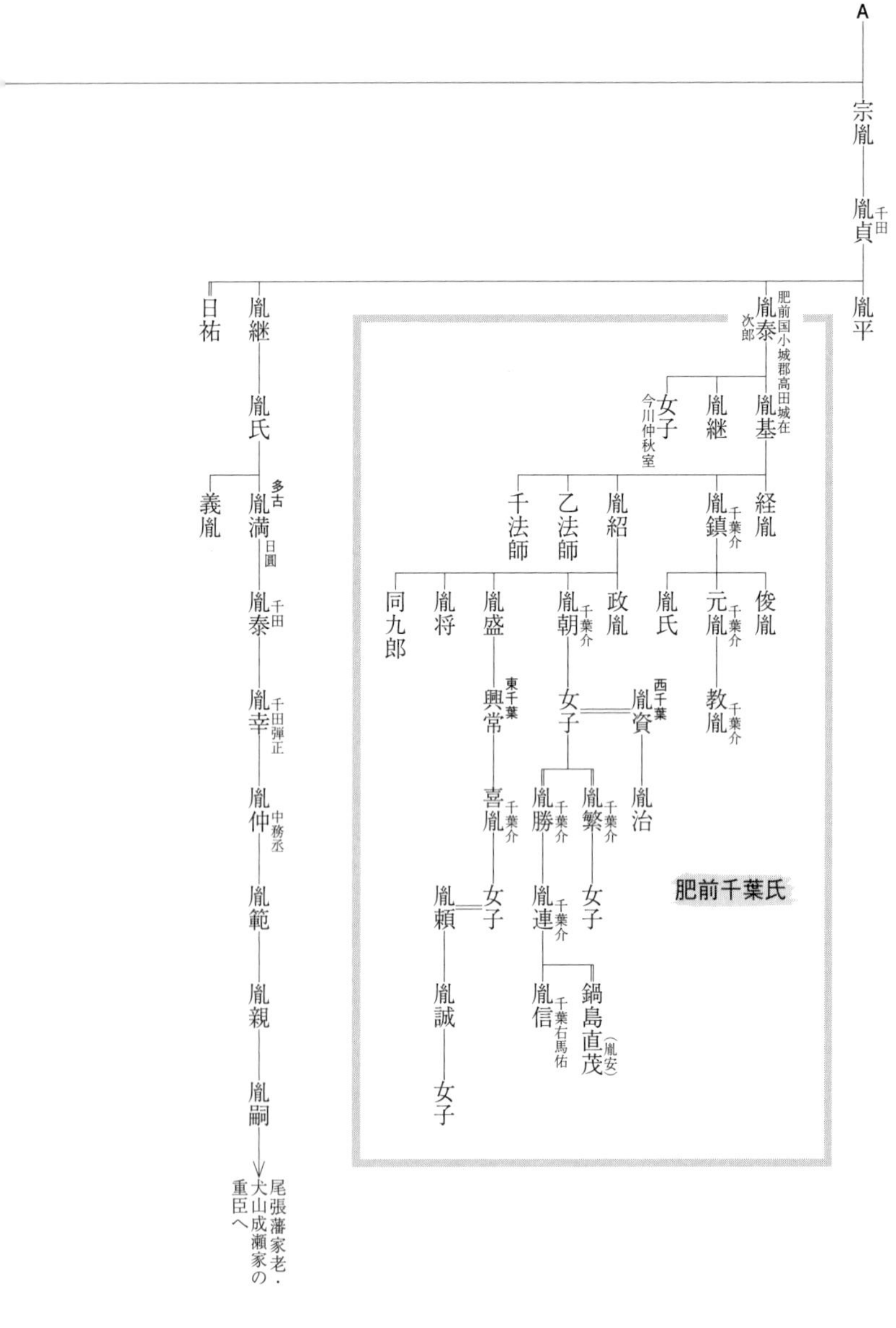
A
宗胤
胤貞 千田
胤平
胤泰 肥前国小城郡高田城在 次郎
胤継
日祐
胤基
胤継
女子 今川仲秋室
経胤
胤鎮 千葉介
胤紹
乙法師
千法師
俊胤
元胤 千葉介
胤氏
政胤
胤朝 千葉介
胤盛
胤将
同九郎
教胤 千葉介
胤資 西千葉
女子
興常 東千葉
胤治
胤繁 千葉介
胤勝 千葉介
喜胤 千葉介
女子
胤連 千葉介
女子
胤頼
鍋島直茂（胤安）
胤信 千葉右馬佑
胤誠
女子
肥前千葉氏
胤氏
胤満 多古 日圓
義胤
胤泰 千田
胤幸 千田弾正
胤仲 中務丞
胤範
胤親
胤嗣
尾張藩家老・犬山成瀬家の重臣へ

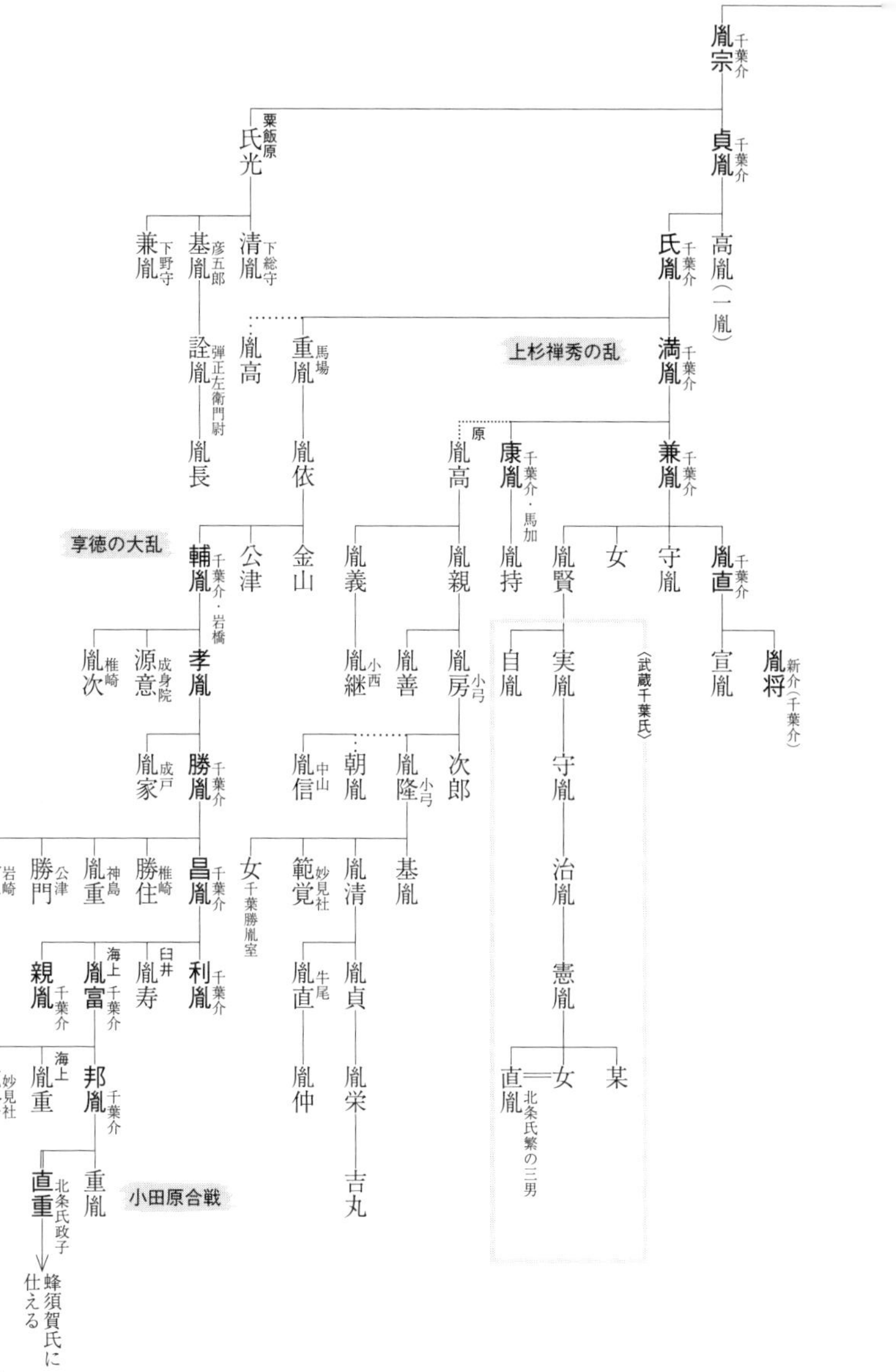
胤宗 千葉介
貞胤 千葉介
粟飯原 氏光
氏胤 千葉介
高胤（一胤）
清胤 下総守
基胤 彦五郎
兼胤 下野守
満胤 千葉介
上杉禅秀の乱
重胤 馬場
胤高
詮胤 弾正左衛門尉
兼胤 千葉介
康胤 千葉介・馬加
原 胤高
胤長
胤依
胤直 千葉介
守胤
女
胤賢
胤持
胤親
胤義
金山
公津
輔胤 千葉介・岩橋
享徳の大乱
胤将 新介（千葉介）
宣胤
〈武蔵千葉氏〉
実胤
自胤
胤房 小弓
胤善
胤継 小西
孝胤
源意 成身院
胤次 椎崎
守胤
次郎
胤隆 小弓
朝胤
胤信 中山
勝胤 千葉介
胤家 成戸
治胤
基胤
胤清
範覚 妙見社
女 千葉勝胤室
昌胤 千葉介
勝住 椎崎
胤重 神島
勝門 公津
公弁 岩崎
憲胤
胤貞
胤直 牛尾
利胤 千葉介
臼井 胤寿
海上 胤富 千葉介
親胤 千葉介
某
女
直胤 北条氏繁の二男
胤栄
胤仲
邦胤 千葉介
海上 胤重
覚全 妙見社
吉丸
小田原合戦
重胤
直重 北条氏政子
蜂須賀氏に仕える

下総の千葉庄（千葉市）まで長駆攻めこみ勝利したが、帰国中に陣没してしまう。一方、敗れた貞胤は尊氏に降伏したが、そのまま嫡流を認められ、胤貞は戦いには勝ったものの政治的には敗北した。

千葉胤貞は敗走する阿蘇惟直《あそこれなお》を天山で討ち取ったことでも知られ、惟直は小城市の天山山頂に葬られた。惟直や家臣の五輪塔は大正時代には倒壊していて、今日の石塔は皇太子（のちの昭和天皇）の結婚記念で地元民が建立したものである。ところが、明治時代の小城郡図他では天山山頂とは別に「阿蘇《あそ》ノ塔山」が記されており、旧石塔は今日の山頂の東から東南の地点にあったのかもしれない。

千葉胤泰と居城・高田城

室町幕府三代将軍の足利義満の代を迎えても九州の南朝勢力はいまだ盛んで、北朝の幕府に抗していた。そこで幕府は今川了俊《いまがわりょうしゅん》を九州探題《たんだい》として送り込むが、その弟は肥前守護の今川仲秋《なかあき》で、佐嘉・杵島・高来《たかき》郡を所領としていた。小城郡の千葉胤泰《たねやす》は胤貞の肥前での所領を継いで、南朝方から北朝方の今川麾下に参じて小城郡を安堵され、娘を仲秋に嫁がせ肥前鎮守たる河上社の大宮司となった。胤泰は嘉瀬《かせ》川西岸の高田城（佐賀県小城市）に拠し、千葉氏を肥前の在地勢力とした。了俊に従って九州各地を転戦するには、嘉瀬川から遡上しうる高田城が水運上、好適だったのであろう。

高田城の位置について「荻府見聞録」には「千葉の本館は社刈《しゃがり》にあり」という。標高三メートルの中流域にある社《やしろ》遺跡では、中世の建物跡十棟が確認されている。千葉氏が小城へ入部する前から、小城より国府地域一帯への物資の集散地として栄えており、重要な川港の集落だったという。貿易陶磁器や国産陶器なども多数出土している。しかし、「出土遺物が最も多いのは十二～十三世紀で、その頃が集落の最盛期」（図録『中世武士団』、国立歴史民俗博物館、二〇二二年）とあり、時代的には千葉胤泰の在城時期に先行している。

遠江《とおのえ》地区では香雲寺に高田城の伝承がある。「平朝臣徳嶋系図」の千葉胤泰の条にも「高田城に住し当城鬼門彦山権現始めて之を勧請す」とあるが、現地には二つの日子神社（彦山神社）がある。『小城郡神社調控第十号』によれば、暦応三年（一三四〇）に千葉胤泰が勧請したのは西の日子神社で、これが系図中の「彦山権現」である。この地区では堀名に戦の名残が散見される。頭《くび》ナシ堀のすぐ北には「西ん屋敷」という口承地名もあるが、その周囲は堀に囲まれ、西の日子神社はその東北（鬼門）にあたる。地形や地名からは遠江説も捨てがたい。

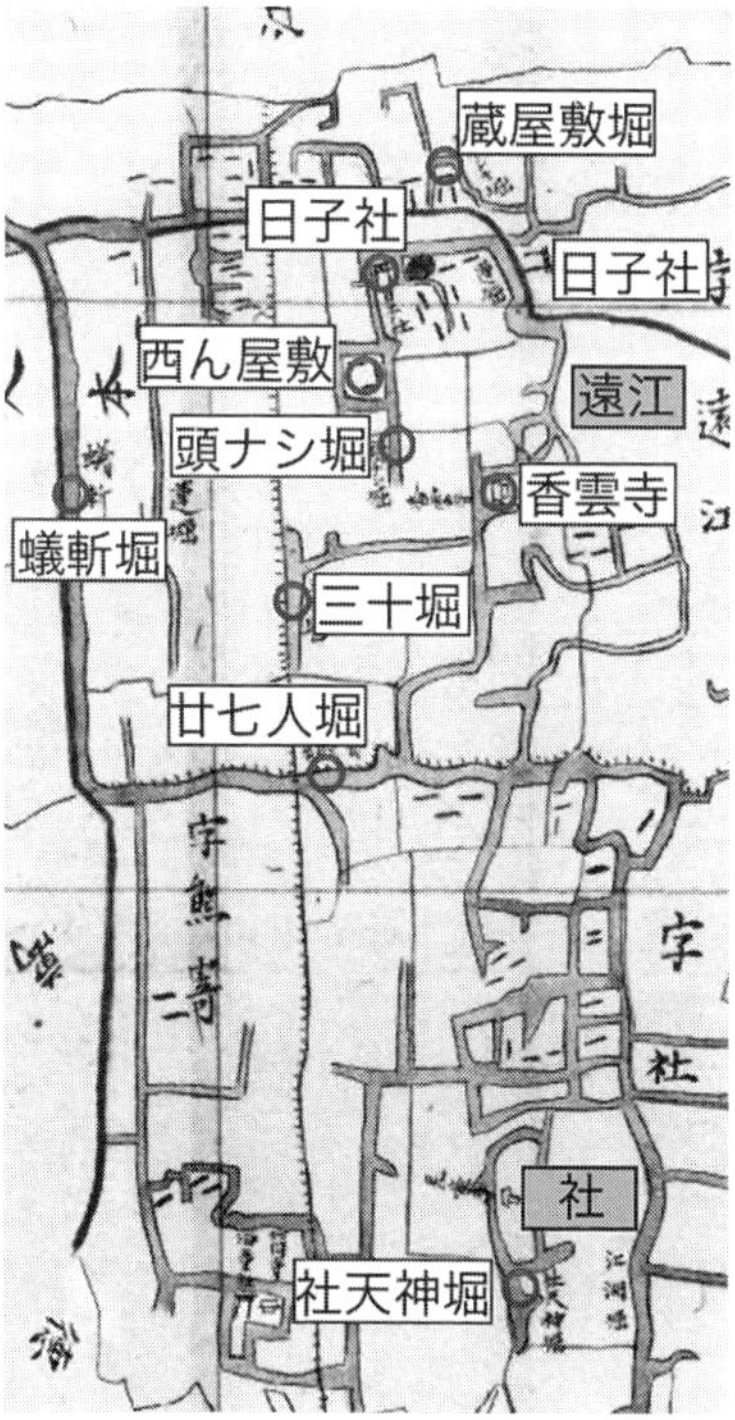

「金田刈絵図」に高田城の候補地である「遠江」と「社」地区の伝承地名を落とし込んだもの
佐賀県立図書館蔵の絵図に加筆

佐嘉郡で威勢を振るっていた高木氏に代わって千葉胤泰が肥前鎮守河上社の大宮司となり、掌握した河上社の造営を通じ一国平均役で肥前中から段銭を集め、祭礼に武士らを動員・差配している。そして、これらを梃子《てこ》として国衙機能に浸透し、於保《おほ》氏など今川領である佐嘉郡の国衙系在庁官人層にも接近していった。また、河上社や実相院は肥前国司の補任にも関わっており、千葉氏はこれらに介入しうる位置にあったともいう（宮島敬一「戦国期権力の形成と地方寺社」）。かつて小城郡の惣地頭でありながら、鯖岡《さばおか》入道ら宇佐神宮系の小領主らの抵抗にも難渋して押妨《おうぼう》などによる勢力扶植に腐心していたのを思えば、千葉胤泰はまさにその知謀によりよく後日の肥前千葉氏の繁栄の礎を築いたと評価できる。今川仲秋の義父、国秋の祖父となったことを最大限に活かしたのである。

今川了俊失脚と少弐・大内氏の対立

九州探題の今川了俊は南朝の九州支配を転覆し、平定寸前までいった。しかし、幕府に解任されて失脚し、応永二年（一三九五）に京都に召還された。「今河殿上洛、博多に逗留《とうりゅう》の事叶い難く候の由……千葉方の媒介を以て、肥前の小城に落集せられ候、少弐・菊池奔走候、彼の一類家僕等みな一所に候」（「大友親世書状」）とあり、今川一族は千葉領の小城郡に集まってそこから上洛した（「詫摩文書」）。

弟の今川仲秋の佐嘉・杵島郡を相続し、肥前今川氏の祖となったのがその子の国秋だが、肥前に残り小城郡乙柳（佐賀県小城市）の牟田城（持永城）に居をかまえたという。その子孫が記した「持永九郎大夫系図」でも、国秋の条に「今川九郎　在肥前母千葉胤泰女（娘）、小城郡中郷牟田居城」とある。出典こそ不明だが、国秋は現地に臨済宗清泉寺を開創したという。祖父の胤泰が後見していたとすれば、祖父の所領である小城郡に居したのも、あながち誤伝とは思えない。

了俊が九州から去ってのち、千葉胤泰や子の胤基は佐嘉郡内で安堵状や宛行状を発給している（鎰尼や於保領）が、そこは今川国秋の所領である。しかし、こういう千葉氏の現地勢力化とは別のところで、北部九州の大勢はすでに決していた。今川了俊が去り、残ったのは少弐氏と大内氏の対立軸であった。少弐氏は大宰府にあって北部九州を領し、大内氏は周防にあって中国数ヶ国を領していた。

肥前千葉氏と家臣団

ここで、この頃の千葉氏家臣の動向を見てみよう。

延文・貞治年間（一三五六～六八）に伊東祐世は千葉氏を頼んで小城郡に下向し、新庄に住した。千葉氏被官の石丸氏は藤原姓で、探題の斯波氏経に従い越前より下向して与賀庄に来住、その地を石丸と称した。石丸胤理のときに千葉氏に仕え、与賀庄石丸（佐賀市）を給わって古賀に住したともいう。胤理の代から法号に「日」字が付されることから、千葉氏と同じ日蓮宗になったのだろう。

山城の野田清秀は長岡経秀が下向の際、老体のため子や孫を供として下向したという。経秀は鍋島村に住し、鍋島を号して千葉氏（胤泰か）に仕えた。子の野田兵部は、兄清胤（清業）より以前に肥前へ来住し、千葉（胤泰か）に仕えた。小城郡大戸ヶ里に住して三河守を名乗った（「橘姓野田系図」）。ところで、「元来野田・堀江は鍋島の長臣」というが、堀江匡久は大江姓で、応永年中（一三九四～一四二八）に小城郡堀江村に住していると伝えられる。この頃、野田清秀が同じく下向したという（「水尾系図」）。

石井氏は、のちの戦国時代に鍋島直茂の正室である陽泰院を出した家として知られる。石井忠国の代に親族の千葉氏を頼って小城郡に下向して来た。忠国は永享元年（一四二九）に日蓮宗本善寺を開創しており、「常照院開闢《かいびゃく》草創由来」によれば、忠国の孫・忠義が正長《しょうちょう》庚戌歳（一四二八か）に開境地草堂を建立したとする。本善寺は小城郡に所在したのだろう。そして子の忠保の代に、佐賀平野の南部にある与賀庄飯盛《いさがい》（佐賀市本庄鹿子）に移居している。先の鎰尼氏や於保氏は佐賀平野北部の豪族で、沼沢地や低湿地が多かった南部の動向とは同列に論じることはできない。石井氏は、千葉胤鎮が佐嘉郡を併合するに及び、小城郡から来住したのだろう。天正八年（一五八〇）、飯盛にある一族の館城址に常延が本善寺を移し、寺号を改めて常照院とした（石井通則「石井家の家系譜」）。

千葉胤基と鎰尼泰高の反乱

千葉胤基は胤泰の子で、千葉氏歴代では地味な観がある。だが、家宰であった鎰尼氏の反乱に直面し、これは千葉氏にとって重大な戦いであった。

上佐嘉には鍵尼という地名があった。現在の「国分南《こくぶ》」である。鎰尼季高が印鑰《いんにゃく》社や玉林寺を創建した永徳二年（一三八二）は今川了俊の最盛期で、佐嘉郡は肥前守護の今川仲秋の所領であった。印鑰社は国郡衙の印璽や倉庫の鍵を保管する場で、鎰・鑰はともに鍵を意味する。鎰尼（鑰尼）の名字は尼寺住で、国衙の印璽や鍵を保管する在庁官人だったことに由来するのだろう。ところで、千葉胤貞は内砥川《とがわ》に八幡神社を開創した。山道（安坂峠）を越えてすぐの杵島郡山口村には、千葉二代目の円照寺殿天岩堯公庵主が高僧無着妙融を拝請《はいしょう》して曹洞宗円照寺（のち龍澤寺）を開創している（「寺院差出」・「丹丘邑誌」）。岩蔵寺資料では胤基の法号が堯胤だが、同寺は妙融の肥前初開創の寺で、後述する玉林寺の創建に先行し、年代的には堯胤を胤泰とする「徳島朝臣系図」が妥当である。そして内砥川近くの納所《のうそ》（蔵の集積地）という地名など、このエリアは当時は千葉氏の重要拠点だったと考えられ、その支配が横辺田《よこべた》（杵島郡・砥川のうち六角川の北）東部に及んでいたことを示す。

千葉氏重臣の鎰尼季高は鎰尼城主（上佐嘉尼寺）で、永徳二年（一三八二）、この無着妙融を招いて近くの久池井《くちい》に玉林寺を開いた（「寺院差出」『曹洞宗全書』史伝（上）弘化系譜伝）。さらに尼寺には印鑰社を建立した。この鎰尼は千葉胤貞が連れ具した供奉衆と言われるが、藤原姓高木一族たる国分氏の分葉で国衙在庁官人だった（大和町史）、高木氏はかつては府中を見下ろす独立峰上の春日城にあって佐賀平野で権勢をはり河上神社大宮司でもあった。守護の今川仲秋の帰国後に千葉氏の庇護をうけ被官となったのだろう。国衙を東西にはさむ官人於保と鎰尼の被官化は、千葉氏の佐嘉郡進出に大きな意味を持った（拙稿「鎰尼氏と千葉のこと」『葉隠研究』九四号）。

千葉胤基の家宰の鑰尼泰高は、父の季高のように主君に重用された。泰の一字は胤基の先代の千葉胤泰から偏諱を受けたのだろう。泰高は家政（政務）を任されていながら、応永十一年（一四〇四）、少弐氏と通謀して反逆した。大内と少弐の対立がからんで、この反乱は北部九州での抗争にまで発展した。千葉胤基は大内盛見《もりあきら》や探題渋川満頼・今川国秋と結び、佐嘉郡川上（佐賀市）で決戦（応永十一年正月付「渋川満頼書状」「深江文書」）を行った。千葉方は今川国秋や厚東武興が討ち死にするも、かたや反乱側では鑰尼一族や千布《ちふ》氏が戦死して戦いは収まった。

大掛かりな儀礼には金の徴収と配分・人事権がついてまわり、儀式の采配は在地領主らの掌握・序列化・組織化を可能にする。儀式が権威主義や支配に有用なのはここである。千葉氏は家臣の鑰尼氏を大宮司とし、応永七年（一四〇〇）に千葉氏代官として鑰尼氏に百年ぶりの河上社の祭礼を執行させた。この時に鑰尼は肥前中から武士を動員し（「惣四方皆大宮司方警固也」、龍造寺氏は東河辺、於保氏は西門の左を警護した）、段銭を徴収して祭礼の采配を振るった（「実相院文書」）。反乱を起こすまでに鑰尼氏が力をつけたのは、この河上神社の祭礼執行も大きく関係しているのだろう。

また、応永十八年（一四一一）一月二十九日、千葉胤基は杵島郡白石で大村家有と戦って勝利した。家有は藤津郡大村方《がた》（大村館か）まで退いたが、追撃され討ち取られている。稲穂が垂れないよう張った縄に馬の足が引っかかり、転倒して千葉勢に討ち取られたという。古枝の若宮神社はこの大村家有を祀っている。のち、藤津郡の大村氏は千葉氏の最盛期を三代で蹉跌《さてつ》させることになる。

第二章　胤鎮・胤紹兄弟の骨肉の争い

大内氏と少弐氏の抗争

北部九州の中世史は特徴的である。大宰府の武藤氏は元寇で鎮西御家人を統率し、国難から日本を救った。官職は太宰少弐職で、そのため少弐と呼ばれた。ところが、鎌倉幕府は戦功に報いるに鎮西探題の派遣を以てし、少弐氏の筑前・肥前での勢力を脅かした。そのため、少弐氏は倒幕側に与した。のち足利尊氏の九州での再起にも大功を挙げ、室町幕府の創設にも貢献した。ところが、尊氏も九州探題を残置した。少弐氏は再び反幕府とならざるをえず、かえって探題を圧倒した。そこで幕府は筑前を幕府直轄とし、西国の雄大内氏を幕府料国の代官とした。探題は大内の庇護下に入った。こうして北部九州の国衆の抗争は、少弐と大内の対立軸に収斂されるようになった。

京都の実力者であった大内盛見は、永享元年（一四二九）に幕府料国である筑前の代官に任命された。少弐満貞・大友持直により盛見が討ち死にした後の永享五年（一四三三）には、室町幕府は「治《ち》罰《ばつの》御《み》旗《はた》」を大内持世に与えた。「治罰」とは、退治し罰（討伐）するの治伐であり、持世は九州入りして大宰府を攻め、少弐満貞父子を討ち取っている。「満済准后日記」には「少弐父子三人頸《くび》（首級）近日可進上」とある。この満貞以降の歴代当主は、強大な大内の猛攻によって本拠たる筑前を逐われ、対馬や肥前、松浦地方への亡命を余儀なくされたが、時には東肥前に拠り譜代の国衆らを率いて反撃を試みた。東肥前には少弐氏の多くの庄園があり、恩顧の在地領主が多数いたのである。

千葉胤鎮の登場と苦悩

肥前千葉氏の代数は諸説あるが、胤貞を祖とするのが穏当であろう。千葉胤鎮は第四代の当主で、一族を三郡の領主に飛躍させて肥前国主とまで言わしめた。しかし、彼こそ初めて肥前千葉氏の分裂・内訌に直面し、厳しい戦いを強いられた人物でもあった。

永享五年（一四三三）八月六日、「平 某」が武雄社（佐賀県武雄市）（武雄氏）に安堵状を発給している（「武雄神社文書」）。時期的に考えると、この「平 某」は千葉胤鎮《たねしげ》であろう。渋江一族と武雄大宮司は南北朝期に行動を共にしており、この時期の武雄氏・中村氏とともに千葉氏に仕えていたのだろう。当時、杵島郡西方の渋江系中村氏は小城郡の千葉胤鎮の傘下だった。翌年一月の管領奉書には唐船警固に千葉氏もあがり（「満済准后日記」）、この時は将軍義教と対立はしていなかった。

当時、少弐一門は強勢な九州探題の渋川・大内勢により各地で討たれ、冬には東肥前に潜伏していた。千葉胤繁（胤鎮か）と龍造寺氏がこれを助けようと内々に相語らっていたという。永享六年（一四三四）一月、横岳頼房が少弐旧交の千葉介胤鎮・高木・龍造寺・於保・小田・南里有世（川副庄南里）ほか少弐一門衆と神埼に進み、渋川を討ちとった。横岳氏は少弐満貞の弟で、探題勢をことごとく掃討して東肥前を領知し、文安年間（一四四四～一四四九）末には三根郡に居して「少弐代官」を称した。

しかし、大内持世は永享七年（一四三五）に新探題と兵をあわせ肥前に少弐嘉頼《よしより》を探索した。同八年六月、少弐氏の同盟者であった大友持直が敗れ、少弐は対馬の宗《そう》貞盛の許に逃れている。「少弐殿は敗れて対馬に亡命した。島主の宗貞盛と朝鮮に使いを送り、いくどか米塩を請うた」「いまや少弐殿は力が尽きて対馬に亡命し、根本の地を失い困窮している」（「朝鮮王朝実録」世宗十八年（一四三六）十二月）状況にあったという。千葉氏は、このとき少弐方であった。

千葉胤貞は下総の日蓮宗中山法華経寺に帰依し、小城にも末寺の鎮西本山光勝寺を開創、祇園川流域に日蓮宗を広めた。胤貞は譲状で子孫に「法花経の信心を退転し、中山に違背する者は不孝の仁として胤貞跡を一分も知行すべからず」と記し、強く帰依を求めた。

しかし、その後の千葉氏は天台宗岩蔵寺や禅宗臨済宗円通寺を保護し、曹洞宗龍澤寺を開創した。そこで日親上人は厳格な信仰を求め、胤鎮を激しく批判した。

胤鎮が胤紹に領国を逐われる

将軍義教は永享六年頃から先鋭化し、大名などへの弾圧や介入が始まった。永享八年（一四三六、永享九年とも）、大内勢は肥前に至って千葉介胤鎮・少弐衆を追討し、小城で戦った。同九年七月七日、日親はその激しさゆえに破門されたが、翌十年二月には胤鎮も胤紹《たねつぐ》に領国を逐われた。家宰の中村胤《たね》宣《のぶ》（左衛門五郎）が大内方に与《くみ》し、胤鎮の弟の千葉胤紹をかついで冬には主君の胤鎮と戦い、ついに放逐したのである。中村胤宣が大内氏を通じ幕府に働きかけ、大内氏は胤紹を（小城郡）郡司とし、一門家督の相続と小城郡の知行を認められ、父の胤基と同じく右京大夫に任命された。ちなみに、大内氏は左京大夫、細川管領家は右京大夫に代々補任されており、この官職は正五位上に相当する。

胤紹をかついだ中村胤宣は杵島郡の渋江一族で、渋江氏は鎌倉以来の御家人で長島庄の総地頭である。長島庄下村（佐賀県武雄市）に拠し、胤宣は小城の千葉氏に仕えて栄達し、家老にまでなっていた。この中村胤宣こそが千葉胤鎮を裏切った首魁で、やはり幕府の御家人・郡代に登用された。この胤宣に幕府から「千葉介胤鎮は多年にわたり少弐方につき、幕府に不忠である。すみやかに討伐すべし」という御教書がとどいた。中村氏は兵を挙げて千葉胤鎮の行方を探索している。そして、大内氏には「草野・大村・上松浦、御方《みかた》となり忠節致すべき由申し候、対馬（宗氏）より渡海とも申候」（〔永享十年〕八月十六日「森下浄蔭書状案」『住吉神社文書』）と記している。

永享十年十二月二十九日、幕府奉行人は中村胤宣に「千葉要害（千葉城）の事、御一左右（便り、指示）の間、被官人ら籠め置くの旨、大内修理大夫持世注進（急ぎ報告）到来、尤も神妙、弥《いよいよ》談合せしめ、持世、忠致せらるべき節の由仰せ下さる所なり」（「橘中村文書」）と、大内持世や小城要害（千葉城か）に言及している。翌年の永享十一年（一四三九）正月二十五日にも中村胤宣に、「胤鎮の潜伏先を見つけ出して厳しく成敗せよ。かくまう者は同罪とみなすと国中に触れを出し、すみやかに退治せよ」

（「橘中村文書」）と命じている。さらに、幕府は六月に大内持世への書状で「小城残党への加罰のため、先頃に合力を仰せつけたが、千葉次郎（弥次郎胤紹か）は請文まで出しながら遁避している」と不信感を露わにしている（「橘中村文書」）。胤鎮を探し出せずにいたのである。

胤紹と重臣の石井・松林・於保氏

京都から来住し、千葉胤紹に仕えて副将を勤めた人物に石井忠国がいる。「常照院由緒記録」によると、「（常照院は）九州探題千葉胤継（胤紹）公副将石井党の居城たり」という。胤紹の子孫を伝える「平吉系図」には、「紹」にマサというルビが付されているが、一般的には「紹」はツグと読む。右に胤継とあるのは胤紹のことであろう。忠国は胤継の副将となり、のち千葉教胤の重臣になった。

松林氏は藤原姓で、先祖は千葉常胤の娘を娶って下総香取郡小見川に住していた。足利義満の時代、松林左近将監は石井忠家と共に京都で浪人していた。「石井系図」にも、忠家は「此時去総州上京、於本妙寺卒」とある。のち、松林左近将監は石井忠国（忠家の子）と共に肥前千葉氏に仕え、小城郡山内大野郁内字松林古賀（佐賀市）に来住して松林を号した（「伝松林尚家像」「西原藤原系図」）。

千葉胤紹は国衙官人層の於保氏をも掌握していた。応永三十四年（一四二七）三月十日、千葉胤繁（胤鎮か）が佐嘉郡於保村の地頭分を於保因幡守に安堵している（千葉胤繁＝胤鎮か。ただし花押は異なる。所領安堵状「多久家文書」）。ところが、その十二年後の永享十一年（一四三九）三月には千葉胤紹が佐嘉郡での本領知行について同氏に安堵状を発給した（「多久家文書」）。胤鎮没落の時期である。

於保氏はもともと国衙の在庁官人で佐嘉郡西部の於保に居し、文永三年（一二六六）「肥前国検注帳案」を管理していた。この「検注帳案」は、田畑の面積や領有関係が記され、庄園公領の台帳である大田文の「元帳」といわれている。かたや、千葉胤繁（胤鎮か）も於保因幡守に「本領の事に候へとも、はたになく候間、人にとらせて候、たうけ（当家）の事ハ、さしおかれへく候（後回しに・無視してください）、した□□れうけん（料簡。堪忍）を申すへく候事候」（七月廿五日付・「多久家文書」）という書状を発給している。差出人の名は控えめに日付けの下、於保の名は高い位置に記している。内容的にも亡命中のものと思われる。於保氏は佐嘉郡八戸《やえ》に天福院（於保鎮宗が開基。永正元年卒去）・龍雲寺（子の於保胤宗が開基）を開創し、永正の頃（一五〇四～二一）にはすでに八戸に南下していたと思われる。

胤鎮の居城・千葉城

「千葉系図」の胤鎮の条に「住牛首《ごず》城号祇園岳」とある。胤鎮が拠した千葉城（佐賀県小城市）は牛首城・祇園城とも呼ばれており、発掘調査の成果によれば十五世紀が千葉城の最盛期である。これは胤鎮・元胤・教胤の三代、いわゆる千葉氏の最盛期だが、内実は抗争・内乱に明け暮れた時代であった。

千葉城は山城で、主郭からは海外の高価な陶磁器が多く出土し、茶臼も見つかっている。茶臼とは茶道具で、かわらけ・坏《つき》は武士の儀礼や宴会に用いられたものだろう。室町時代の十五世紀には、この山城の主郭部分に常住施設があったと考えられる（『千葉氏の拠点』）。平時には麓の居館に住み、戦時になると籠城するという、いわゆる詰《つめ》の城ではなかったらしい。一般に山城に常住施設が設けられるのは戦国時代後半（十六世紀中期以降）からで、この点からも千葉城は先駆的であった。千葉城の大手（追手）道は、城山（主郭）から北麓の北浦に向かってのびていた。三の丸にある須賀神社の石段は江戸時代のものである。小城からは街道が四方八達し、東は国衙（府中）・勢福寺城、西は坂井集落から丹坂《にざか》峠に入り多久・松浦郡（小城・多久の往還には主に旧晴気峠より丹坂峠を使った）、南は川から有明海、北は石台越《しゃくたいごえ》（石体越）から市川をへて博多湾に通じていた。

千葉城跡遠景　佐賀県小城市

　ところで、千葉城の麓まで船が遡上《そじょう》して水運をしていたという意見もある。しかし、有明海は干満差が六メートルもあり、舟は満潮を利用して川を遡上していた。通常、満潮は標高六メートルを超えて川を遡上することはない。嘉瀬川との分岐点である島溝・堀江辺りが標高五～六メートルで、ここまで満潮が遡上し、ここからは祇園川は北の千葉城に近づくほどに勾

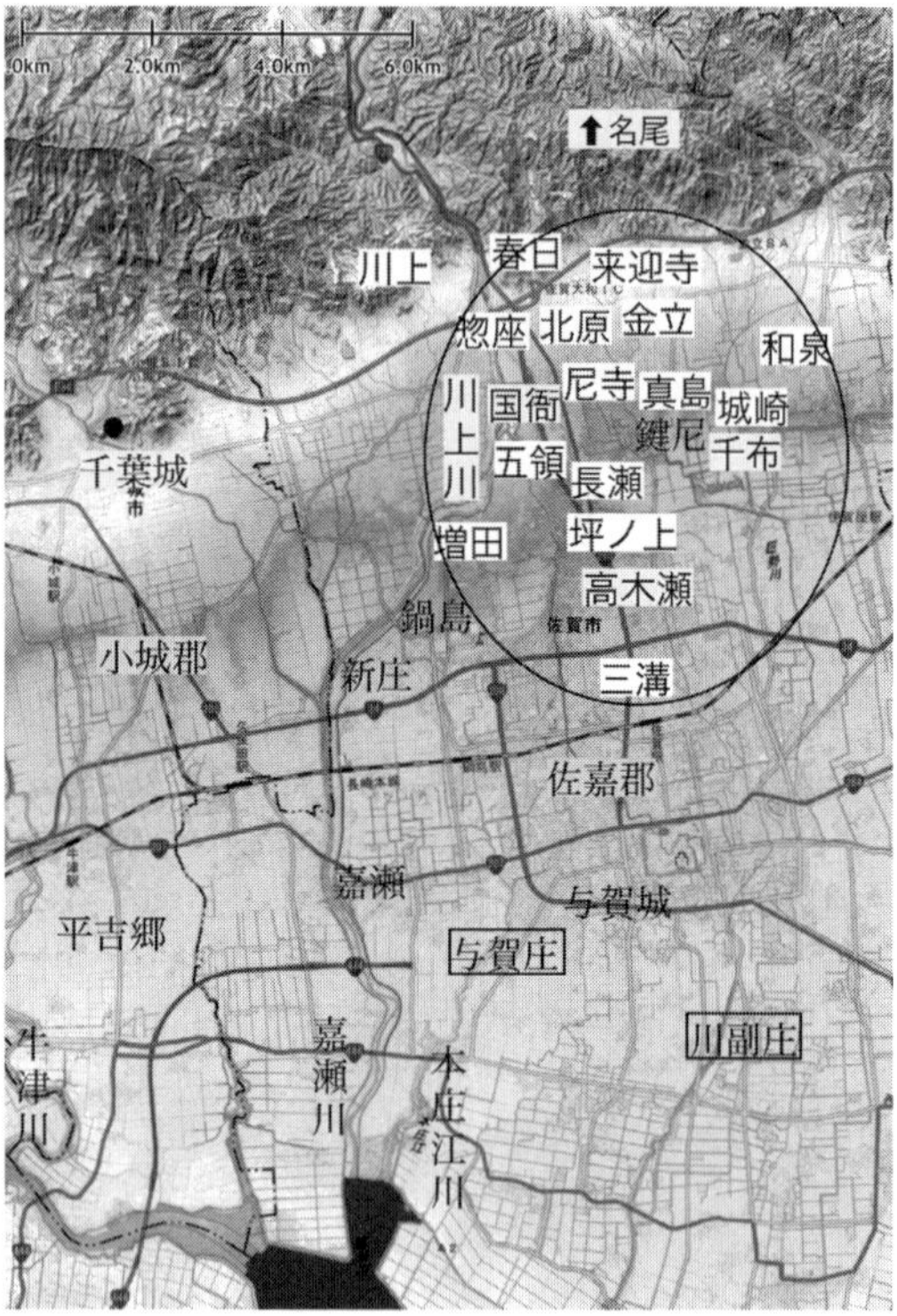

胤紹の勢力図　3D カシミール（スーパー地形）に加筆

配も急になる。蛇行、屈曲が多いほど、内陸部の潮汐水位は上がるが（服部英雄『歴史を読み解く』）、千葉城麓はじつに標高三十一メートルで、いかに川が蛇行していても、この急な勾配を舟が城麓まで遡上しえたとするのは無理がある。

千葉胤紹の勢力圏

佐賀平野の北端にある河上社の棟札には、千葉胤泰から胤盛、西千葉胤資、千葉鶴法師丸（東千葉氏か）、西千葉胤繁、東千葉興常、西千葉胤連の名が記されている。河上社は江戸時代にも千葉氏が宮司を勤めていた関係からか、「河上社差出」に千葉胤紹の勢力圏が次のように記されている。

千葉介胤基二男（胤紹）、佐嘉郡国府城（国衙）にをゐて領地川上・惣座・春日・金立・真島・城崎・

来迎寺・尼寺・北原・和泉・五領・坪上・長瀬・三溝・益田等地、都《すべ》て二里四方を知（知行）れり、其境は、北は以猶（名尾）山、南は以高木川横流、西は以川上川、東は千布城限、世々此地を管領す。

胤俊　千葉刑部大輔胤紹と後に改
胤朝　千葉別駕（「別駕」とは介の官名）
胤将　千葉介
胤繁　千葉介　永正元年甲子八月、川上大明神大宮司となる
胤秀　上総介
胤宣　下総守

この「河上社差出」は胤俊＝胤紹とするが、「平吉系図」ほかによれば九郎胤俊は胤紹の子であり、これは胤俊ではなく父の胤紹とすべきであろう。「河上社差出」では、千葉胤紹の所領は佐嘉郡のうちでも佐賀平野北部である。胤紹は条里制の進んだこの平野北部を勢力圏とし、西方の長島庄の中村胤宣に担がれ、惣領である兄を追い落とそうとした。永享四年（一四三二）の千葉某（胤紹か）の於保因幡守への本領安堵状（「多久家文書」）の発給者は胤紹とされているが、時期が早く難があった。しかし、胤紹がもともとこれだけの地盤を有していたという記述からすれば、むしろこの時期でも納得できる。

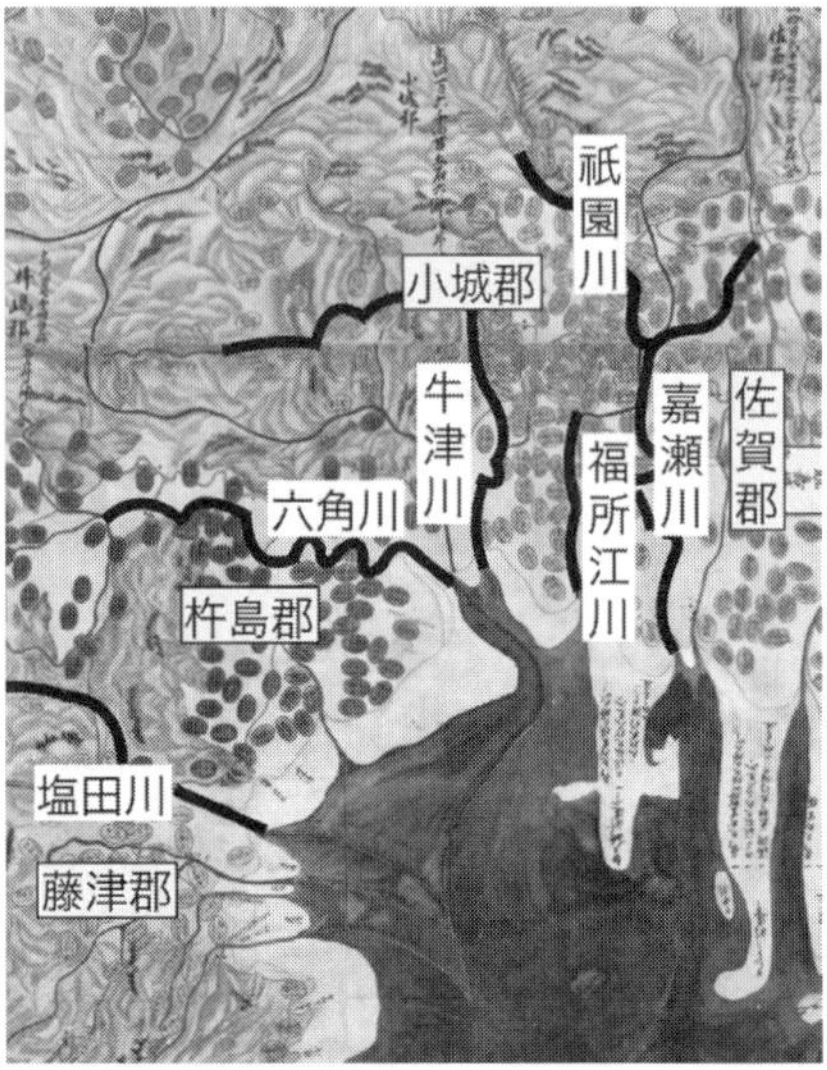

当時の郡の位置図　佐賀県立図書館蔵の「佐賀藩絵図」に加筆

少弐氏と大内氏の攻防

さて、大内持世に敗れて亡命していた少弐嘉頼は、永享十三年（一四四一）、対馬で死去した。

その後、「少弐氏の弱体化による倭寇活動の活発化を警戒した朝鮮側が少弐氏赦免を室町幕府に要請」（佐伯弘次「九州の守護大名」）し、対馬の宗貞盛の幕府奉行人への働きかけもあり、少弐嘉頼の弟の松法師丸は室町幕府から赦免された。そして将軍より偏諱をうけて教頼と名のり、太宰少弐に補任されて大宰府に帰還している。

少弐氏はようやく復権できたが、好事は長くは続かなかった。当時の将軍足利義教は苛烈に過ぎて「悪御所」と呼ばれていた。関東公方を狙い（永享の乱）、また、有力大名らを粛清し、諸大名はその暴虐に対し「万人恐怖、言うなかれ、言うなかれ」と恐怖《くふ》したと伝えられている。

ついに嘉吉元年（一四四一）六月、将軍義教は赤松満祐・教康父子に殺害され、当時の日記には「公方犬死」と記されている。大内持世も、そのときに受けた傷がもとで死去してしまった。全国の守護たちが赤松討伐のために出陣し、その中に肥前からは探題の渋川教直・高木氏・千葉氏（胤紹か）・

龍造寺氏などがいた。そして九月、赤松父子は誅戮された。いわゆる、嘉吉の乱である。

少弐教頼も宗貞盛を軍奉行として対馬から出帆したが、逆風で遅れて討滅に間にあわなかった。大内介を継いだ大内教弘が讒言し、嘉吉元年十月、少弐治罰（討伐）の御教書をうけて再び少弐攻めに乗り出した。少弐教頼は肥前三根郡の中野城（佐賀県みやき町）に拠り、東肥前の少弐一門衆や「小城郡郡士」（千葉胤鎮勢か）を率いて大内勢を撃破した。しかし同年十二月、新たに大内勢が来着して少弐氏は敗れ、大内勢は筑前（少弐残党）・肥前の逆党（胤鎮か）を追伐した（「海東諸国記」参照）。

亡命を続ける胤鎮の消息

亡命中の千葉胤鎮は少弐方だった。十二月には、小城郡に侵攻した大内勢を胤鎮が迎撃して小城郡下隈で勝利した。千葉家臣の中村遠江守や原胤房（佐嘉郡金立）が討ち死にしている。

嘉吉二年（一四四二）夏には、大内教弘の兵七千に九州勢をあわせた総勢二万が再侵攻し、衆寡敵せず少弐教頼や宗貞盛は対馬へと逃れた。大内氏は肥筑をおさえ、筑前の諸郡に麾下の諸将を郡代兼城督（臨時に遣わされる城将）として配置した。そして十二月、肥前では前探題の渋川氏と「千葉胤紹が大内に属し藩鎮（城督）となった」という（「鎮西要略」）。翌年二月十一日、千葉胤紹は河上神社に佐嘉郡の神野村仏性田三十町を安堵している（「河上神社文書」「千葉胤紹安堵状」）。胤紹は歴代当主と同じく河上神社を護持し、一過性の歴史の徒花《あだばな》ではなく、千葉氏の統治の連続線上に位置していた。

また同年、対馬の宗貞盛は朝鮮の大臣と会盟したという（「鎮西志」「鎮西要略」）。宗氏は日朝貿易による富強で知られ、精鋭の兵をも擁していた。

それでは、亡命中の千葉胤鎮はどうしていたのだろうか。「九州治乱記」は「敗残の将の千葉胤鎮は居所をくらまし、山賤の柴の庵に身をよせていた」とする。また、「筑前国続風土記拾遺」は胤鎮の消息を次のように記している。「その事（胤紹の反逆）不意起きて拒《ふせ》くに力なく胤鎮没落して隣国に流寓する事七年……此隣国に流牢せし時にもしばらくここ（筑前国那珂郡屋形原村）に住せしか」。この屋形原村には、千葉探題の居宅跡があったとの伝承が残されている。

胤紹の討ち死にと胤鎮の復権

文安元年（嘉吉四年・一四四四）、千葉胤鎮は肥前で蜂起し、弟の胤紹を放逐せんと議し、家長（家老）多々良・空閑《くが》・岩部・原・円城寺らが家政を執った（「鎮西志」）。「鎮西要略」では、多々良・空閑・岩部・原・中村・飯篠・金原・円城寺らが、「九州治乱記」では、譜代の家人の岩部・仁戸田《にえだ》・田原・平田・鎰尼ほかが集まったとする。

胤鎮は旧臣らと挙兵し、胤紹・中村氏を追討すべく謀った。旧臣らは中村胤宣を憎んで千葉胤鎮に従った。中村氏の専横に対し、千葉氏譜代の被官らが亡命中の胤鎮をかついで起ちあがったのである。

この年の四月十四日、千葉胤紹は佐嘉郡のうち平岡村二十町、中河村六町を河上神社に重ねて寄進している（「河上神社文書」千葉胤紹寄進状）。「諸願成就のため重ねて寄進奉る所なり、しからばひとえに大明神の応護をたのみ奉り、心を致し信じるものなり」。譜代の離反に危機感を持ったのであろう。

文安二年（一四四五）六月、少弐教頼は筑前守護に再任され、大宰府に復帰したという。千葉胤鎮は少弐氏の陣営である。少弐教頼の帰還もあってか、この年に胤鎮の反撃がはじまった。千葉胤紹は国府小城の千葉城に拠り、高城山を以って守りの固めとした。「けだし小城・佐嘉両郡譲補（譲り渡す）の沙汰に依て、遂に鉾楯におよぶ」（「鎮西志」）とされる。現在の佐賀市大和町久池井春日に高城寺があり、ここが高城山と考えられ、山田の東にあたる。なお、高城寺の近くには妙見神社がある。

八月、千葉胤鎮は佐嘉郡川上に至って胤紹を山田での戦いに破り、十七日、ついに府城（小城の千葉城か）を陥れた。胤紹は長子政胤と共に討たれ、「従臣殲《つき》ぬ」というごとく家臣らも殲滅された（「鎮西志」）。かたや「九州治乱記」によれば、小城に退却する途中に千葉胤紹・長子政胤・中村胤宣らが討たれたとする。このとき、胤紹は三十八歳であった。かくして、千葉介胤鎮は国府小城に返り咲いた。

ところで、肥前今川一族もすでに仲秋の孫である国治の代となっていた。この戦いには今川国治・秋弘父子も千葉胤紹方として参加し、討ち死にしている。そして千葉胤鎮は今川領の佐嘉・杵島郡を併合した。千葉胤紹との家督争いは、望外にも、大族である今川家の領土と政治力を千葉氏にもたらした。これにより、千葉胤鎮は小城・佐嘉・杵島三郡を領することとなり、「国中に威を振るうようになって享徳（一四五二〜五五）の頃にはすでに肥前国主と仰がれるようになった」（「九州治乱記」）という。

注目すべきは、今川領佐嘉郡のうち佐賀平野北部が千葉胤紹の勢力圏として河上神社に伝承されてきたことである。中村胤宣にしても、今川領の杵島郡西部が本拠である。国治は領内で勢力をはる胤紹や中村氏を討滅せず、むしろ同盟して胤鎮に戦いを挑んだ。これらは、中村氏や千葉胤紹の造反の背後に今川氏がいた可能性を示唆している。

胤紹の遺族と家臣たち

胤紹や長子政胤の死後も、その子らは佐嘉郡で一定の勢力を温存していたらしい。胤紹の後継となったのは千葉胤朝で、一門惣領となるまでは国衙近くの佐嘉郡尼寺に住していた（「九州治乱記」）。九郎胤俊（千葉之平朝臣胤俊）は胤紹の九男で、寛正三年（一四六二）に佐嘉郡東高木（佐賀市高木瀬東）に日蓮宗本通寺を開創している。千葉元胤代で、非常に勢威があったらしく、寺は「当時は宏壮たる伽藍魏然として高く聳えその美観実に上佐賀に異彩を放ち」（『高木瀬町史』※「寺院差出」では寛正元年の開創）、その子孫は平吉氏を号し、嘉瀬川を本拠として舟運で富裕をうたわれた。

嘉瀬津は明《みん》国でも知られた。平吉氏は公譜に「千葉殿一家」と記され、平吉新兵衛の婿の平吉対馬守（旧姓深川氏、小城郡深川住）は肥前一の富豪で「九州富貴人」とされた。のち、平吉隼人は東千葉胤頼の滅亡で浪人した。龍造寺隆信は対馬守の子の刑部を嘉瀬津等七ヶ津の代官・船の司に任じ（「平吉系図」「平吉家由緒書」）、刑部は朝鮮出兵の兵站、マカオでの金の調達などで活躍している（嘉瀬津に浄土宗平等院・嘉瀬津神社を開創、丸に花菱紋)。

胤紹には左京胤久という子もいた。その子の胤茂は飯笹《いいざさ》兵部と名のり、天文三年(一五三四)に彼杵郡の大村純前《すみあき》に仕えた。次の大村純忠の代になり、その宗教政策によって大村氏は家中が分裂して内戦となり、胤茂は讒言により討ち取られた。その子の胤継も「松浦《まつら》盛且つ後藤貴明《たかあきら》方に密事の使者を勤め功有り。天正二年(一五七四)父と共に害せらる」という。弟の胤正は、父の死のとき八歳で松原(長崎県大村市)の庄屋の福田氏に寄食し、十一歳で虚無僧となりのちに出家、慶長四年(一五九九)には大村喜前に仕えた。子孫の飯笹胤重は大村藩初の武役大砲支配を務め、代々石火矢と火縄銃を専門に自覚(千葉)流砲術師範を世襲している(「大村千葉飯笹系図」「新撰士系譜」)。胤重は祇園社を開創し、末裔の胤詣は千葉に復姓している。弟は飯笹を名のった(浄土宗長安寺、墓は桜馬場。十曜紋・月星紋)。

胤紹の家臣の豆田胤義は、文安元年(一四四四)に千葉胤紹から加冠を受けて胤の一字を与えられている。そして胤紹と胤鎮の合戦に参陣し、小城において三十九歳で討ち死にしてしまった。負傷してまだ癒えぬ時に、中村胤宣と「太刀打死」したともいう。豆田氏は、胤義の父尚義の代に豊後から来住し、小城郡北山《ほくざん》に住していた。千葉氏譜代の森山有胤や弟の柿本胤家も千葉胤紹に属し、八月十七日に佐嘉郡川上山田で討ち死にした。また、柿本胤家は応永(一三九四〜)の初め、千葉胤基の代に小城郡柿本を拝領して居し、柿本を姓とした。なお、筑前の板谷胤重は胤忠の子で、六月十七日

貞包氏石塔　一番合戦氏が代々守っている
佐賀県塩田町

の胤紹・胤鎮の戦いで討ち死にしたという（「板谷系図」）が、この八月十七日の戦いではないか。

胤鎮の家臣・貞包氏について

　享徳二年（一四五三）、千葉胤鎮が佐嘉郡の本荘大塚大明神（佐賀市）に宝殿を寄進している。本庄妙見山淀姫大明神ともいう。その棟札には「大檀那平胤鎮、役員多々良近江守盛弘、御代官空閑治部丞藤原」とある（「社家三本庄社」『佐賀県近世史料』第十編四巻）。これにより、胤鎮の勢威が佐嘉郡本庄にまで及んでいたことがわかる。平姓多々良氏は佐嘉郡寄人《よりゅうど》（高木瀬）に来住し、文安元年（一四四四）には千葉胤鎮の家長として名を上げ、空閑氏も政務に与っていた。

　胤鎮の配下には貞包《さだかね》氏もいた。少弐景資（盛氏）の三男である豊後守貞包は大友貞宗の庇護を受け、さらに元弘三年（一三三三）に貞宗の偏諱を受けて貞包の名を拝領し、子の代にその「貞包」を姓としている。以後は小城の千葉氏に仕えた。この年は少弐・大友が鎮西探題を滅ぼしており、「蓮池平井系図」によると、奇しくもこの元弘年間（一三三一～一三三四）に同じ景資の子孫である武藤尚経が平井を称したとあることから、その記述は信憑性を帯びてくる。貞包市兵衛が千葉胤泰に仕えたのを皮切りに、代々千葉氏に仕えた。その子孫は佐賀県塩田町久間《くま》（武雄市の南）に住した（『吉富家の系図』）。

少弐氏は藤原姓で、久間の小字には藤原が残る。龍造寺家晴に従って西郷討滅に従軍した竹崎・長崎系貞包氏の子孫には、先祖は景資で「侍だから包の中は己ではなく巳」と伝わっている。鉄の訓読みはカネで「武器」を意味し、とくに槍鉋《やりがんな》は形状が槍の穂先と同じことから、大友貞宗が鉋《かんな》の旁《つくり》から一字を取ったと解すれば、貞包の命名は豊後守が槍の名手ということに由来するのかもしれない。のち、平井氏が千葉氏を頼んで小城郡に来住したころには、すでに同祖の貞包氏が仕えていた。

千葉氏の「九州探題」説

佐賀市伊勢町の妙覚寺は、千葉胤鎮が小城郡高原の日親の森に開創し、天正年中（一五七三～九二）に佐嘉郡岸川町に移った日蓮宗の寺院である。胤鎮の位牌を祀り、その裏には「九州探題」と記されている。これ以外にも千葉氏を「探題」と明記する史料が複数確認できる。

①常照院の伝承では千葉氏を「九州探題」とする。

②『筑前国続風土記』に、那珂川市には「千葉探題の居宅」要害跡（屋形原）があり、さらには「探題千葉氏の居城」（一の嶽古城）跡・「探題千葉氏の墓」（共に一の瀬）があると記されている。

③「社家九蠣久《かきひさ》天満宮」にも「延徳三年（一四九一）九州探題千葉胤資小城佐嘉両郡を領し」とあって、西千葉胤資を九州探題とする。
④「柿本系図」千葉常胤の条に「頼朝公の御時在鎌倉 九州探題の始」とある。
⑤「河上社差出」には「千葉常胤将軍頼朝公の時、始めて九州探題に命せられて下向す」とある。

「九州治乱記」などは、今川了俊の弟の仲秋をも探題と記し、その遺領を探題領としている。そして千葉胤鎮の子孫の「徳島氏系図」も、千葉胤泰の娘の日音に夫の「探題 今川仲秋」を付している。今川仲秋や肥前千葉氏の九州探題は歴史的にはなかったが、今川氏の所領と政治力・国衙官人を千葉氏が吸収するなかで、直茂にもつながる千葉氏の国主然たる権勢の正統性を「探題」今川との血縁に求めたのだろうか。ここは『筑前国続風土記拾遺』屋形原の項が的を得ている。「此（千葉）家に探題の号はなしと言えども、今も村民ら妄りに一所の長たる者を指して探題と称する事、国中所々にあり。乱世に諂して自らも探題と称せし」たのであろうか。

なお、応永二十八年（一四二一）付「松浦党一揆契諾状」には「京都探題千葉胤鎮御大事の時は、松浦上下家中談合を加へて一時同心して忠節いたすべき」と記し、上下松浦四十一氏が胤鎮への同心忠節を誓うという注目すべき内容（『西松浦郡誌』）である。だが、これは千葉胤鎮が当主になって四年後、いまだ小城郡主にすぎなかった頃の文書である。そのため、のちに千葉氏が三郡を領して肥前国主と評されて以降、一部の松浦党が千葉氏との関係が昔からあったとするために、最盛期の千葉胤鎮の名を借用（仮冒）し後世に作成したものではないかと推測している。

豊後大友氏と千葉氏の婚姻関係

さて、豊後の大友氏はこの頃、親綱と持直の二派に分かれて対立していたが、大内盛見《もりあきら》の介入によって内戦状態になった。応永三十三年（一四二六）の三角畠の乱以降、親綱には幕府や大内氏、持直には少弐氏が支援していた。胤紹が幕府・大内方、胤鎮が小弐方であったことはすでに述べた。これに嘉吉元年（一四四一）十一月十四日には幕府が介入したため、「幕府、大内教弘・大友親綱・志賀親賀等をして、少弐教頼・大友持直等ノ餘黨《よとう》を撃たしむ」という（『史料綜覧 巻七』）状況になった。

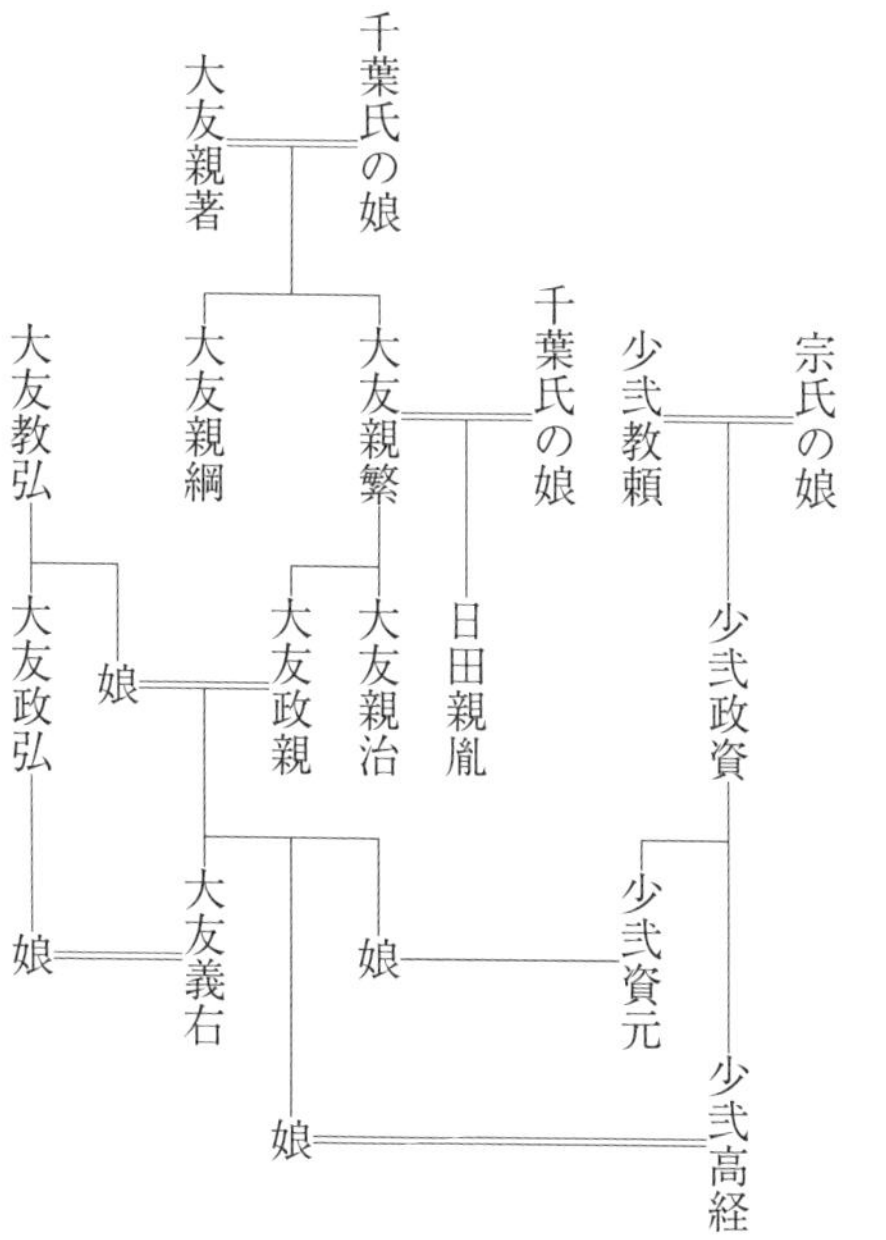

千葉と大友親著系の婚姻関係　胤繁の室は大友親隆娘と大友一族竹中氏娘

松浦党の「有浦文書」によれば、「豊後・豊前・筑前の敵方悉く退散せしめ、その上豊州の合戦御方《みかた》切り勝ち候、本望此の事に候」（十二月七日付、千葉胤紹書状写。有浦殿宛）とあり、千葉胤紹は大友氏の内訌にも関与していた。嘉吉元年の幕府の介入の前後であろうか。大友親綱・親繁《ちかしげ》は親著《ちかあき》の子で、応永年中（一三九四～一四二八）と応永十八年（一四一一）の生まれで、ともに母は千葉氏の娘だった。親著の室は時代状況や年齢を考慮すると、千葉胤基の娘であろう。

さて、両系が交互に家督を継ぐとの定めから、大友親綱は親隆（持直の弟で親著のいとこ）に家督を譲り、文安元年（一四四四）には親隆が親繁に家督を譲った（親繁三十三歳。先代親綱の弟）。親隆の娘を正室にすることがこの家督継承の条件だった。

享徳三年（一四五四）十月、親繁は千葉氏の娘との間に庶子の日田親胤をもうけた（翌康正元年に千葉胤鎮は病死）。この千葉氏の娘は側室で、正室は前妻は親隆の娘、後妻は大友一族の娘であった。大友親綱は千葉胤紹と同じく幕府・大内陣営であり、長禄三年（一四五九）まで存命している。親繁は幕府方・反大内であり、この千葉氏の娘が胤鎮系・胤紹系・豊前千葉系のいずれであるかは一概にいえない。

第三章　元胤と本拠地・小城の繁栄

胤鎮の病死と元胤の家督継承

康正元年（一四五五）九月二十五日、千葉胤鎮が病死した。「鎮西要略」には「胤鎮　五十六歳を以って卒、嫡子元胤嗣家、家宰中村播磨守行事」と記されている。嫡子の元胤が当主を嗣ぎ、短いながらも平和と繁栄の時代を築いた。

肥前今川氏は守護の今川仲秋に発し、肥前国において佐嘉・杵島郡を支配していた。かたや千葉氏は小城郡の郡主であった。千葉氏は小城郡にあって小地頭らの力を削ぐのみならず、今川氏を後楯として川上神社大宮司となり、佐嘉郡国衙の在庁官人層を影響下に組み入れていった。今川氏との婚姻を最大限に利用したのである。そして数世代をへて、力関係は逆転した。中村胤宣の乱の時に孫の今川国治《くにはる》は中村方について敗死し、その所領の二郡は千葉胤鎮に併呑されて今川一族は没落した。

千葉元胤は父と同じく少弐陣営であったというが、それを示す史料はない。「海東諸国記」（岩波文庫版）によれば、千葉殿は己卯《つちのとう》（一四五九）の年に朝鮮国に船を送ったとある。元胤は嘉吉条約にもとづき、毎年、歳遣船一艘の派遣を認められていた。宗氏は少弐氏の股肱《ここう》であり、千葉氏が少弐陣営だから枠を認めたとも解しうるが、偽使の問題もからみ話はそう単純ではない。

長禄元年（一四五七）三月、安芸国で戦闘が行われた（「大内氏実録」）。「鎮西要略」にも元胤代の同年三月に大内教弘が安芸に侵入し、守護の武田信繁を攻撃したとある。このため幕府は毛利・吉川氏に武田氏への救援を命令し、武田氏は佐東銀山《かなやま》城（広島市）が落城せずに済んだ。また、「鎮西志」には翌「長禄二年（一四五八）、芸州兵革。千葉元胤出陣す」とあり、安芸での戦いに千葉元胤が出陣したことがわかる（永享年間〈一四三〇年代〉には、安芸国人衆の武田信繁らは将軍足利義教の命で九州に出征して大友持直と交戦している）。この安芸における武田と大内の対立は、そのまま応仁の乱にもちこされた。

同じように、大内教弘は文安四年（一四四七）に筑前守護となり、宝徳三年（一四五一）から遣明船十艘のうち一艘の枠を幕府に認められて日明貿易に参入した。それが長禄元年には大内氏と管領細川氏は対立に転じていた。北部九州における少弐・大内の対立、ひいては千葉氏の分裂の背後には、細川と大内の貿易利権をめぐる対立があった。大内氏は幕府の九州代官で、博多から瀬戸内海西部までを制していた。瀬戸内海の制海権や日明貿易の利権をめぐって堺と兵庫の津を押さえる幕府管領の細川氏と対立するに至り、細川氏主導の幕府―守護体制から離反し、「室町殿御分国（幕府の実効支配地域）の外縁で幕府と対峙する公権力へとその性格を変じてゆく」（山上至人「関門海峡攻防戦」『歴史群像』）。この対立の余波として北部九州での対立軸も幕府（細川）・大内対少弐（・千葉）から、細川・少弐（・千葉）対大内へとシフトし、応仁の乱が始まると千葉氏も大内方に転じた。

大内・細川は各地で対立し、細川勝元は安芸では分国守護の武田信繁を尖兵として大内教弘の進出への防波堤としようとした。長禄元年の戦いも「惣領家の若狭武田氏がこの合戦を主導し」「細川勝元は吉川や毛利らに武田方支援を命じ」「公然と武田氏支持の立場をとり」、管領細川と大内の政争に直結していた（河村昭一『安芸武田氏』）。千葉元胤の安芸派遣もこの対立軸の文脈で理解できる。

執権・中村越前守と中村播磨守

元胤が相続したときの家宰は、記録によって岩部播磨守常楽と中村播磨守の二通りの記述がある。のちに元胤が亡くなって教胤が継いだ時には、中村越前守が執権だった。この中村越前守と中村播磨守はともに千葉元胤時代の一次史料に出てくる。「石井光証（忠国）書状」（「橘中村文書」）では「中村越前」とあり、一次史料の岩蔵寺資料や平姓中村系図の「越前守胤頼」と一致する。かたや『武雄史』所収の「橘氏系図」では、中村左衛門五郎（公廉）の子は「播磨守公頼」とある。中村越前守と中村播磨守は同一人物で、播磨守から越前守に改めたと考えられる。

そして右の文書には石井光証が出てくるが、これは石井忠国で、胤鎮の時代である嘉吉三年（一四四三）に、鑑尼胤広との連署で河上社免田について段銭免除状の奏者となっている（「実相院文書」）。鑑尼は河上社大宮司をも勤めた国衙に近い実力者であり、石井光証を軸に見ることで中村胤頼の家中での地位を推しはかることができるだろう。中村氏は杵島郡長島庄の渋江氏一族で、中村胤宣の時に大内氏と通じて少弐派の千葉胤鎮の放逐を図った。中村氏は長島庄に勢力を温存し、その討死に後から十年がたち一族の権勢はすでに復活を遂げていた。

先の乱ののちも胤紹の遺児は佐賀平野に健在であった。今川国治も討ち取られ、子の胤秋は所領を失って没落したが、いとこに当たる千葉元胤が憐れんで許し、奪った「探題領」（今川の旧領）のうち与賀・川副庄を与えている。胤の一字も元胤からの偏諱だろう。こうして胤秋は千葉氏の被官となり、ようやく家を立てて微威を振るったという。

小城の祇園祭と都市計画

小城といえば祇園会《ぎおんえ》である。肥前三祇園とは小城（小城郡）・秀津（杵島郡）・浜（藤津郡）だが、その中でも小城祇園がとくに栄えていた。「元茂公譜」によれば、「先祖の千葉胤貞が初めて下総国より肥前小城へ下向して晴気の城に居住、また千葉城を造営して山上に祇園社を建立、同時に氏神の妙見宮を北浦に建立した……祇園社を建立した後は、千葉城を祇園岳の城ともいった」という。城山北麓の北浦は家臣団の城下町である。南麓には小字に屋敷があり、麓居館があった可能性がある。

千葉氏は鎌倉幕府の主要御家人で、千葉胤貞は鎌倉を模して小城の街をつくったという。須賀神社はかつて祇園神社といい、祇園会は当時の旧暦六月十五日で山鉾が巡りまわる。博多の祇園会は町衆主体だが、小城の祇園会の山鉾は戦闘の教練だったと地元では言われている。幕末明治期の書家梧竹《ごちく》は「祇園会　千葉氏の祭礼　千葉殿自ら太鼓を打つ笛の譜は『兵来々々』と吹く」と記しており、何人もの武士が乗って兵に山鉾を引かせていた。

千葉氏の小城の街づくりについて、野口実氏は『千葉と小城の景観』で円通寺から南にのびる道を重視する。「鎌倉時代の下総千葉の都市プランは鎌倉をモデルにしたものであった。（鎌倉の）鶴岡八幡宮と同じく、（下総では）北に八幡社と金剛授寺《こんごうじゅじ》（のち妙見寺。現、千葉神社）を置き、そこからメインストリート（現、本町通り）が南に伸びるというのが基本構造である。小城においてそれに相当するのは、三間山円通寺とそこから現在の市街地に通じる南北路であるように思われる」。

円通寺のある三間寺村は、かつて晴気庄の一部で、当初の千葉氏は西の晴気に拠点をおいたという。この円通寺は日蓮宗ではないし、神事の山車の往還があるわけでもない。千葉城三の丸の麓の須賀神社から南にのびる町並に上町・中町・下町が形成され、町衆が居したのは江戸時代にすぎない。千葉氏の都市構想としては山城があり、麓には川が流れ、祇園社がある。そして妙見社（下総では妙見寺）が北を鎮護する。小城の山車の往還は、須賀神社（元は祇園社）を起点とした祇園川沿いに東西にのびる旧城下町（古町遺跡）や横町の道ではなかったか。千葉市中央区の宗胤寺は千葉宗胤が開創した。小城の円通寺は元々あったが、宗胤が援助して鎌倉の建長寺をまねて七堂伽藍を建てたとされる。小城の都市構想は次代の胤貞の頃と考えられ、供養や祈禱の寺社を包含し祭りで神が渡る。

殷賑を極める街・小城

　このように殷賑《いんしん》を極める小城にあって、千葉元胤は寛正三年（寛正三年）冬十一月、六十三間の大《おお》桟敷《さじき》をかまえて犬追物《いぬおうもの》を興行した。射手は十二人、エースは有力被官の仁戸田《にえだ》氏や鑰尼《かぎあま》氏だった。当時は騎射が武芸の中心で、犬追物は流鏑馬《やぶさめ》とならぶ騎射の競技だった。土俵の中心から疾駆する犬を馬上から射て、逃げた犬を騎乗で追い、落馬も多かった。仁戸田と鑰尼は騎射に長《た》けていたのだろう。

　犬馬場は千葉城の北麓にあり、この年は猿楽をも興行した。鎌倉以来の格式を誇る千葉氏にとっては面目躍如である。「海東諸国記」には、節度使（探題渋川）・菊池殿・少弐殿・大友殿といった錚々たる探題や守護と並んで千葉殿が挙がり、もはやたんなる一国衆ではなかったことがわかる。

○小二殿（少弐）、宰府、民居二二〇〇余戸、正兵五〇〇余。
○千葉殿、民居一二〇〇余戸。正兵五〇〇余あり。歳遣一船を約す。
○節度使（探題渋川氏）、綾部、民居一〇〇〇余戸、正兵二五〇。

　当時の小城は探題の綾部をしのいで肥前では最大、北部九州でも有数の都市であった。肥前の中心は小城で、そのため佐嘉郡の府中（国衙）と並んで国府と呼ばれた。小城や綾部は豊かな山水に恵まれ、被官や商工民を城下にかかえ得た。千葉氏が当初は晴気を本拠としたといわれるのは、宇佐系小地頭らが祇園川周辺に蟠拠《ばんきょ》し、惣地頭の千葉氏に反抗的だったこともあるが、山あいの晴気は湧水から容易に取水でき、むしろ初期の稲作に適しており農耕が先行していたこともあった。古絵図を見ると、山中の中腹にあちこち晴気の飛地があるのは湧水地であろう。

下総千葉氏の拠点の千田庄（千葉県多古町）も山あいで、平成の時代に選定された皇室への小さな献上田が山林際にあって、湧水がその水源だった。多古は晴気に雰囲気が似ている。橘町（杵島郡）も含めて山間の地が郡内で早くから開発されたのは、山からの水や伏流水による湧水で水が絶えず流れ、「中世においては谷地田こそが最も安定した耕地」（農業土木歴史研究会「大地への刻印」）だったからであろう。晴気庄が当初の中心地だったことは、時胤の代官や初期の供奉衆が何人も居住したと伝わることからもうなずける。かたや、佐賀平野の南部には低湿地が広がっていた。南部の本格的な耕地化は、治水により水不足が解消され灌漑《かんがい》用水が確保されるようになった江戸期以降である。平野南部の龍造寺氏の台頭が北部の高木氏や千葉氏などに遅れるのも、南部の水不足が背景にあるのだろう。

なお、『佐賀県の中近世城館』（佐賀県文化財調査報告書）では、晴気は宗像大宮司領を内にかかえている以上、荘園管理上の代官役所の設置はありえるが、千葉氏が本拠を構えたとまでは考えがたい、とする。

第四章　教胤と応仁の乱

元胤死去と教胤の家督継承

佐賀城の西には与賀《よが》神社の二の鳥居があり、「佐賀郡与賀荘」と彫られている。与賀庄は辻ノ堂付近を中心に本庄町・西与賀町・東与賀町あたりで、新庄は与賀新庄である。鳥居のある参道は与賀八丁馬場と呼ばれ、本庄江に至る。与賀神社は与賀庄の鎮守で、かの少弐資能も与賀庄の地頭だった。

長禄・寛正年間（一四五七〜六六）は日本中で飢饉となり、そして戦国時代を通じ寒冷期が続き、戦乱が広がっていく。佐賀平野では、かつて千葉氏や高木氏といった平野北部の勢力が強かった。北部は条里制が敷かれ、山からの農耕用水も確保できて収穫も多く、人口を養いえた。かたや与賀・川副庄は平野南部の低平地で、湿地や氾濫原があった。与賀庄の龍造寺氏の台頭が永正以降（一五〇四〜）と遅れるのも、南部は湿地や沼沢地が多く潮水も氾濫していたことが一因にあるだろう。また、山からの水がまわって来ず農耕水の確保が困難だったことも背景にあるだろう。千葉元胤が今川胤秋にそのような平野南部を与えたのは、実に示唆的である。のち、少弐政資は与賀庄に逃れ来て今宿や今津の町を拓き、舟運を新たな経済基盤とした。今川胤秋が嘉瀬川の新庄に拠ったのも、舟運が関係していたためだろう。

寛正五年（一四六四）十月二十九日、千葉元胤が二十八歳で亡くなり、一子教胤が元胤の跡を継いだ。千葉新介教胤はまだ十三歳と若く、この時の執権であった中村越前守胤頼が輔弼していた。また、老臣の岩部常楽《つねひろ》、中村弾正胤明も家老として教胤を弼けていた。中村胤明は中村胤頼の甥である。以前の中村胤宣の郡代就任から二十七年がたち、今や小城の千葉家中にあって家老三人のうち二人が中村氏で、伯父・甥の関係であった。しかし、中村胤頼と二人の家老の間には溝ができていた。

当時の大内氏は勢いを拡大しており、大内教弘の代の「大内家壁書」（寛正二年・一四六一）によれば、その支配は安芸国東西条・芸予諸島・石見国、そして肥前国神埼郡（佐賀県神埼市）にまで及んでいた。寛正六年（一四六五）、この大内教弘が陣没して家督を政弘が継いだ。大内氏の勢力が東肥前にまで及ぶこの状況下で、千葉胤紹の子の「胤朝《たねとも》は千葉氏への報復のため密かに大内政弘に従い、探題渋川教直や今川胤秋とも誼を通じ」ていた（「鎮西志」）。

千葉教胤が惣領職を継ぎ、身を屈して千葉氏の被官になっていた今川胤秋は敵の探題方に通じ、「胤朝の起に会し」、胤朝の煽起煽動で今川氏は同年挙兵した。千葉胤朝と今川胤秋は共に父親が千葉胤鎮に討ち取られており、千葉嫡流家への報復のため手を組んだ。しかし、のみならず西日本各地での大内と管領細川の衝突が肥前においても紛争化したものであろう。そして今川胤秋が小城郡に攻め込もうとしているという噂が流れ、執権の中村胤頼が兵を発して戦いが始まった。嘉瀬川は佐嘉郡と小城郡の境で、新庄のすぐ北の鍋島まで船が遡上したといわれる。かつては嘉瀬川は大きく蛇行し、遡上の上限は高かったのだろう。新庄は与賀庄の北辺となる。

千葉勢の新庄城攻撃と川上合戦

寛正六年（一四六五）五月二十日、執権の中村胤頼は、千葉教胤の代理として小城・佐嘉郡の兵を率いて佐嘉郡新庄の今川胤秋を討伐した。家老の岩部常楽・中村胤明もこれに従った。小城からは岩部常楽・岩部備中守、中村胤明・仁戸田《にえだ》胤範・仁戸田左馬助、中村伯耆守（系図では弾正の父）・平田将監・山鹿主税助・堀江和泉守・南里・古川・江口・東郷・粟飯原《あいはら》、佐嘉からは高木・渋谷・神代《くましろ》らが従い、この二千余騎をもって三日三晩、新庄城を攻囲したという（「九州治乱記」）。千葉教胤の催促に応じて新庄城攻めに加わった南里有高も戦功を挙げた（「南里系図」）が、今川の館城は落ちず、二十三日の夜半、岩部常楽・中村胤明は敵に通じて戦線を離脱し、帰国した。

小城・佐嘉郡の兵は四散し、主将の中村胤頼は川上山に退いた。今川胤秋は北へと追撃、二十四日夕暮れ時、中村勢に襲いかかった（川上合戦）。千葉方は大将の中村胤頼が射殺《いころ》され、子の妙胤、中村伯耆守、武雄社大宮司の武雄胤門、堀江常陸介、馬渡対馬守ら六十余人が討ち死にした（「鎮西志」）。晴気の光武鎮教もこの時に戦死している。一次史料の「岩蔵寺資料」でも中村胤頼や妙胤とともに記され、武雄社大宮司の武雄胤門の伝も「寛正六年、教胤の将中村越前守胤頼、今川伊予守胤秋と川上に戦う。胤門、千葉に属して命を落とす」（「武雄社本紀」「本司系譜」）とする。武雄大宮司は南北朝でも渋江一族と共に戦い、この戦いでは渋江一族中の主勢力である中村氏の許で戦死した。

かたや今川方は、胤秋の弟の胤弘・秋秀をはじめ十四人が討ち死にし、六十余人が負傷している。日が沈む頃には両軍とも兵をひいた。中村胤頼の弟仁戸田中務太輔、円城寺淡路守・山口肥前守・石井忠国らは今川氏に城下の盟を請うて帰国した。「城下の盟」とは、敵に本拠まで攻め込まれ、やむをえずにする屈辱的な講和のことである。

ところで、「石井系図二」に石井忠国の曽祖父にあたる忠城は「下総安部野城主、室千葉助女」とある。「常照院開闢草創由来」では、祖父の「忠成は千葉胤基の婿也」と記している。さらに、忠国は親類の肥前千葉氏を頼り京都から来住したという。石井氏は父の忠家の代より京都に出ていたのである。石井氏は千葉氏の偏諱を受けた形跡こそないが、この和平交渉でも譜代の重臣にまじって名が挙げられている。忠国は一代で千葉胤継（胤紹《たねつぐ》か）の副将、教胤の重臣となり、その間の千葉元胤の書状でも執権の中村越前（胤頼）と共に名が挙げられている（「橘中村文書」）。菩提寺の常照院には石井氏の鎮守の妙見祠がのこり、今は寺が祭祀している。家紋は丸に三つ鱗紋である。

寛正六年には「児玉党武官」荘掃部助が晴気保に屋鋪を与えられている（「小城家中系図」）。文正・応仁頃（一四六六～六九）には、堀江の堀江基久は千葉介に仕えて新庄の近くの萩野を領した（「水尾系図」）。文明十九年（一四八七）には小城八龍権現建立のため、公方《くぼう》が三浦加賀守を肥前に遣わし、のち多々良氏の婿となった。

今川胤秋の討ち死に

応仁元年（一四六七）、今川胤秋は佐嘉郡の軍勢を率いて小城に至り、各地に火を放って村々を焼き、共に探題渋川教直の軍勢も攻め寄せてきた。千葉教胤は家臣の岩部・中村・平井・鎰山（鎰尼）・空閑・多々良・椙《すぎ》町（杉町、宇都宮系）・宮崎などにこれを防がせている。「鎮西要略」は、ここに原・中原・飯篠・円城寺をも記している。平井頼兼は少弐景資の子孫で筑前に居していたが、千葉氏を頼って小城に来住してきたという（「蓮池平井系図」）。小城の千葉氏といえば、下総国からつき従った譜代の供奉衆が家臣団の中核とついイメージしてしまうが、先の和平交渉といい、千葉氏の版図が大きくなっていく過程で実力本位になったのであろうか、外来新参の者たちも登用されるようになっていた。

その後、千葉勢は反攻に出て、今川胤秋は新庄で討ち死にした。「源姓持永九郎大夫系図」の今川胤秋の条には、「今川伊予守〜佐嘉郡与賀・河副の地頭、千葉と不和、探題渋川一味。応仁元年六月廿日、於新庄討死」とある。また、「南里系図」では「千葉・今川また川上に合戦□。応仁元年六月廿日、また小城境に合戦す。翌二十一日、今川大いに敗走し胤秋一門ことごとく戦死」したという。胤秋の弟の胤弘・秋秀、家人の江頭摂津守・又太郎、楢富（直富）筑前守、高柳周防守など、今川方の佐嘉勢の歴々はみな討ち死にした。

探題勢も四散し、この時に川副庄の南里有高は千葉方として今川家人の江頭又太郎を討ち取った。同じく川副庄の森武昌久は今川胤秋に属して従軍し、二十日に小城境で二十五歳で討ち死にした。なお、江頭摂津守は今川家の家人で、江頭城は江頭の大西にあった。今川胤秋の新庄のすぐ南である。

この勝利で千葉氏は今川領の与賀・川副庄を接収した。ところが、千葉胤朝自身が戦ったとは記されておらず、この反乱で表に出てこない。のちに、教胤の家臣団が後継に推戴《すいたい》したのを見ても、胤朝は大内氏と結びつつフィクサー然と、今川氏の叛逆を裏で煽起《せんき》し差配していたらしい。

応仁の乱勃発、千葉氏は東軍に

この年、京都で応仁の乱が勃発した。西日本の巨頭である大内氏は西軍、管領細川・少弐（大宰府）・千葉教胤（小城郡）・大友（豊後）・大村氏（藤津郡）は東軍に投じた。大内氏は晩年の教弘・政弘と管領である細川勝元に戦いを挑んでいたが、その対立の重要な一因が貿易利権の争奪だった。細川陣営の少弐と大内の対立は、この乱にそのまま持ちこまれた。そして今川胤秋との戦いのさ中、南の藤津郡では大村氏が動き始めた。かつて大村氏は中村氏に大草野北方（佐賀県塩田町）を奪われたが、その背後には千葉氏がいるためか如何ともしえなかった。

千葉教胤の代に至り、「文正元年（一四六六）、肥前は大村家徳が在尾城（有尾城）を築き千葉介に相対す」（「鎮西要略」）という。大内と少弐の対立で、千葉氏は二派にひき裂かれて内戦状態となり、辺境でも千葉家の秩序が綻《ほころ》び始めたのである。

第五章　宿敵の胤朝を擁立

少弐政資の登場と教胤の陣没

応仁の乱で西軍の大内政弘は大軍を率いて上洛した。ところが、留守役の叔父は管領細川氏の調略もあり、東軍の少弐教頼・千葉教胤・菊池らと通じた。対馬亡命中の少弐教頼は筑前守護に補任され、応仁元年にようやく大宰府に帰国し東軍に加わったが、事はならず敗退、大内勢に追われて筑前・肥前を転々とした。応仁二年（一四六八）十二月、千葉教胤らと大宰府の大内勢を攻めるも一敗地にまみれ、少弐教頼は自害した（「海東諸国記」）。「西国蜂起、菊池、大友、少弐以下云々、大内之迷惑か、珍事云々」（『大乗院寺社雑事記』）というように、まさに世は乱世であった。そんな時に少弐氏では頼忠（のちの政資。以下、政資とする）が家督を継いだ。

少弐政資は敵である大内氏に逐われ、対馬の宗貞国の許に亡命していた。宗氏は朝鮮半島との貿易により富み栄え、応仁三年（一四六九）一月には将軍足利義政に謁見して主の少弐政資の赦免を勝ち得た。七月には将軍義政の支持を得て対馬の宗貞国が少弐政資をかついで挙兵し、大宰府に復帰して旧境を回復した（「海東諸国記」）といい、筑前・肥前・豊前・壱岐・対馬五ヶ国の守護となった。かたや千葉氏の情勢も翌年から急変した。当時は応仁の乱の最中で、千葉氏と同じ東軍の大村家親は出兵催促をのらりくらりとかわし、その底意には疑わしいものがあった。当時は大内氏（西軍）が少弐氏ほか（東軍）を圧倒していたためだろうか。

そこで文明元年（一四六九）六月中旬、千葉教胤は大村を懲らしめるため小城・佐嘉郡の大兵を率いて藤津郡に出兵した。以前は、教胤は海から大村氏を攻めたとも言われたが、実は海路侵攻は史料にはない。千葉勢は松岡神社（松岡城）を攻めた記述もあれば、大村家親は藤津・杵島郡の間（深浦・龍王崎辺か）で迎撃したとする記述もある。いずれにせよ千葉勢は撤収に転じ、十七日、六角川を渡って小城郡に帰国しようと船に乗るが天候が急変、船が転覆して六角川の篠島の入江で教胤は水死したと戦記は記している。水死者は百余人とも数千ともいう。なお、同時代史料である「志布志野辺文書」には「千葉介大村住城に押し寄せ合戦仕り、千葉介討負け打死仕り候」と記されている。

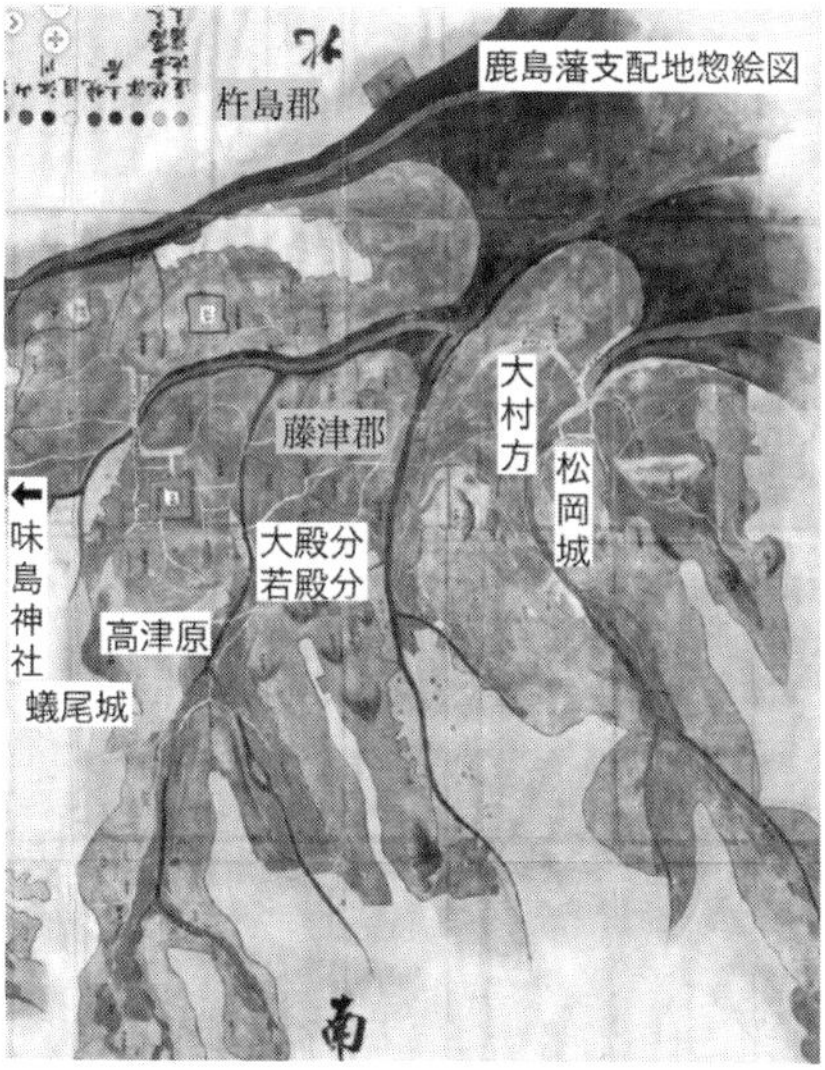

鹿島藩支配地惣絵図　佐賀県立図書館蔵の絵図に加筆

この年、千葉氏はついに大内陣営に転じた。千葉教胤（少弐派）が十八歳で陣没した翌日、その叔父である千葉胤氏が生還した。「平朝臣徳嶋系図」の千葉胤氏条には「同氏胤氏同赴于藤津、文明元年六月十八日帰船」とある。「九州治乱記」は教胤の死をもって「千葉氏の嫡流は断絶し」とし、遠縁の胤朝の相続を必然のように記している。この胤朝は遠縁だが嫡流家には宿敵であり、しかも嫡流家たる胤鎮系には生き残りがいたのである。なお、藤津郡攻めについては、検討すべき事柄が多いため、次章で改めて取り上げることにする。

胤朝を惣領に迎え岩部氏と戦う

さて、惣領の千葉教胤は子も残さず思いがけぬ死を迎え、「一族・家人は力を落とし、髻《まげ》を切って遁世する者もいれば、領地を捨てて行脚する者もいた。千葉氏の興廃はこの時とおのおの評議し、同月下旬には遠縁の千葉胤朝を次の千葉氏惣領に決定し、国府の小城に迎え入れた。そして岩部常楽《つねひろ》と中村弾正忠胤明が胤朝の家宰として政治を行った」（「九州治乱記」）という。

岩部と中村はもともと先代の千葉教胤の執権だった。「九州治乱記」は、ていねいにも「二人とも先君教胤に仕え、父母のような思いでいたので、特に主従の愛好の念は深く、不慮の死を歎き、その菩提を弔っていた。だが、千葉氏の連続を思い、やむをえずそのまま千葉胤朝に仕えた」とする。しかしその二人こそ、かつて敵の今川胤秋に通じて中村胤頼を死に追いやった張本人であり、その胤秋の背後には虎視眈々と簒奪をねらう大内派の胤朝もいた。

胤鎮系のもとでの千葉氏は少弐陣営だった。かたや胤朝は先の乱を起こした傍系の胤紹系で、嫡流家にとっては宿敵であった。嫡流家の生き残りである千葉胤氏を排除し、遠縁で宿敵の千葉胤朝を擁立するには執権の支持が欠かせなかった。この時の執権に中村胤明がいたのである。

　惣領となった千葉胤朝は小城の国府に入り佐嘉郡を静謐《せいひつ》させようと、八月、岩部常楽を佐嘉郡の府中に派遣した。そこで岩部は尼寺《にいじ》館に入った。もともとは千葉胤朝が居していたが「岩部を以って代わって之に居らしむ」(「鎮西志」)という。ここで中村胤明は、主の胤朝に偽り訴えて「岩部に逆意あり」と讒言した。岩部は叛意はないと神文誓紙を出したが、主の胤朝は許さなかった。中村胤明は西方の長島庄に拠り、祖父は千葉胤紹の定策国老《キングメーカー》だった。かたや岩部氏は一族として少弐寄りだったようで、大内派として排除する必要があったのかもしれない。ここに岩部は進退窮まり、大宰府の少弐政資に庇護を請うた。大内派の千葉胤朝が惣領となって少弐陣営から脱落し、これは少弐にとって大きな打撃だった。岩部の懇請は渡りに船であった。

仁戸田近江守の墓　佐賀県小城市

　九月九日の重陽《ちょうよう》、千葉胤朝は仁戸田近江守を派遣し、小城・佐嘉郡の兵で岩部を討たせた。「鎮西要略」は、杵島郡の兵も動員されたと記している。仁戸田近江守は中村胤明の従兄弟で、多勢をもって府中（佐嘉郡国衙）を囲んだという。ちなみに、小城町の日蓮宗江里山観音には開基の仁戸田近江守胤立の供養塔がある。「天文三年（一五三四）二月卒」とあり、九曜紋も刻まれている。この日は秋祭りのお九日《くんち》で、祭りを攻撃して民衆の恐慌を煽ろうとしたのかもしれない。しかし、岩部常楽は年貢を免じて佐嘉郡北郷の民を懐柔していた。北郷には惣村が成立していたのだろうか。この時には岩部の恩もあり、また重陽のため酔ってもいて、その一万余人が鬨の声を挙げて山河は震動したという。

この喊声に千葉勢はおののき恐れ、仁戸田は決戦することができず、川上水上山・山田大願寺に撤退した。岩部は戦わずして勝ちを得て喜悦し、少弐政資に国府小城を攻めたいと援勢を請うたが、政資は援軍を出さなかった。岩部は最も重い八逆（八虐）罪の謀叛を犯しており、誰も積極的には与しようとしなかったのである。かたや中村胤明は計を巡らし、一揆の首長に金銀糧粟を与えて懐柔した。岩部は逆に一揆に放逐されて高木村に逃亡している。これが肥前の土一揆の初めであるという。

胤将が還俗し岩部氏が擁立

文明二年（一四七〇）十月十九日、岩部常楽は高木の丘（高木塁）にあって八逆の批判から免れようと、妙法院の僧だった胤朝の弟を還俗させ擁立した。還俗とは僧侶をやめ、憎悪と苦しみ、闘争の娑婆世界に戻ることをいう。この弟は新たに胤将と名のった（龍造寺隆信が還俗した際には宿老が集まり、律僧が円月〈のちの隆信〉を石井氏の屋敷に案内して寝間を休所にして、まず、鰹を献上した。そして、あらかじめ嘉瀬から彦寿《ひこじ》という女性を夜伽に呼んでいた〈「九州治乱記」〉という。女犯の罪を犯させ還俗させたのである。なお、隆信が初めて鰹を食べたのはこの時であった）。

ところで、妙法院は現存せず位置も不明だった。ところが、日蓮宗本通寺（佐賀市）開基の千葉胤俊の法号は妙法院殿日泰本通大居士で、その石塔も本通寺にあったといい、本通寺の名もこの法号から採ったものという（『高木瀬町史』）。ふつう寺号は開基の院殿号の二文字である。そして岩部が逃走した高木にこの本通寺があった。これは元の寺名は妙法院で、江戸時代に石井氏が再興した時に寺号を本通寺に改めたのだろう。岩部は千葉胤俊の勢力を頼り逃れてきたと考えられ、寺には兄の胤将が僧侶としており、その擁立には開基の胤俊も関与していたとするのが自然である。

日蓮宗本通寺　佐賀市

なお、寺の開基が必ず寺殿・院殿号となるわけではない。時代背景として当時は階層社会であり、千葉氏の秩序下で被官が開基で寺殿や院殿の場合には、後世の追贈をこそ検討せねばならない。また、芦刈町では被官の開基は庵主か庵字入りの居士である（宝泉寺開基は胤忠三男）。

胤将の攻撃で小城城下が焼亡

さて、岩部は千葉胤将をかつぎ四方を従え、郡民から兵を集めて府中に復帰した。「鎮西要略」によれば高木・空閑・平尾・千布・福島郷党のほか、府中の三里四方の郡士・郷司・村酋・里老からなる兵一万余をわかち、塁を補修し、堀は深く塀を高くし、西は川上の流れ、北は名尾山、南は高木城（高木村）、東は千布丘（千布砦）と守りをかためて封境を守ったという。

千葉胤将をかついで大義名分もできたことで、少弐政資は岩部への援勢として武藤頼邑《よりむら》（頼村）・朝日・窪（久保）・江上常種ら一族を派遣した。時は応仁の乱で少弐・千葉胤朝は東軍、千葉胤将は大内方の西軍である。この少弐の参戦をうけて小城では議論は決せず、中村胤明は十一月十四日に数千の小城郡の兵を率いて東進し、佐嘉郡の府中（国衙）を攻めた。岩部勢二千余は突撃、中村胤明は敗走した。北の水上で再戦し奮戦したがあえなく討ち死に、中村勢は壊滅して小城に逃げえた者はわずかに五十人だったという。

岩部・千葉胤将・一揆勢の一万余は勝ちに乗じて西進し、小城に至り寺社や村々を焼き払った。千葉城近くの彦島宝来寺や吉田円明寺・医王寺も灰塵に帰し、小城の村里・小路も焼失した。胤将・岩部や少弐の援兵は彦島岳に陣をおいた。千葉城の城山と彦島は谷を隔てるだけで互いの陣を見渡せるほど近く、その縄張りは曲輪・切岸・竪堀を中心とした古拙なもので（古庄秀樹「肥前千葉氏の本拠小城」）、切岸は高く、堀は深く地をうがち、桜櫓を外に構えていたといい、武具の備えも十分だった。岩部・胤将勢が攻めたがなかなか落ちない。互いに敵の出方を警戒し、持ち場を固めて数日が過ぎた。

宮武正登氏は、千葉城跡で確認できる縄張りの基本プランは十五世紀のものとする（『千葉氏関連遺跡について』）。千葉城のような切岸で曲輪を構築して尾根上に曲輪を階段状に配する山城の構造は、十五世紀末から十六世紀前半までに出現し、堀切や竪堀の出現は十六世紀後半であった。

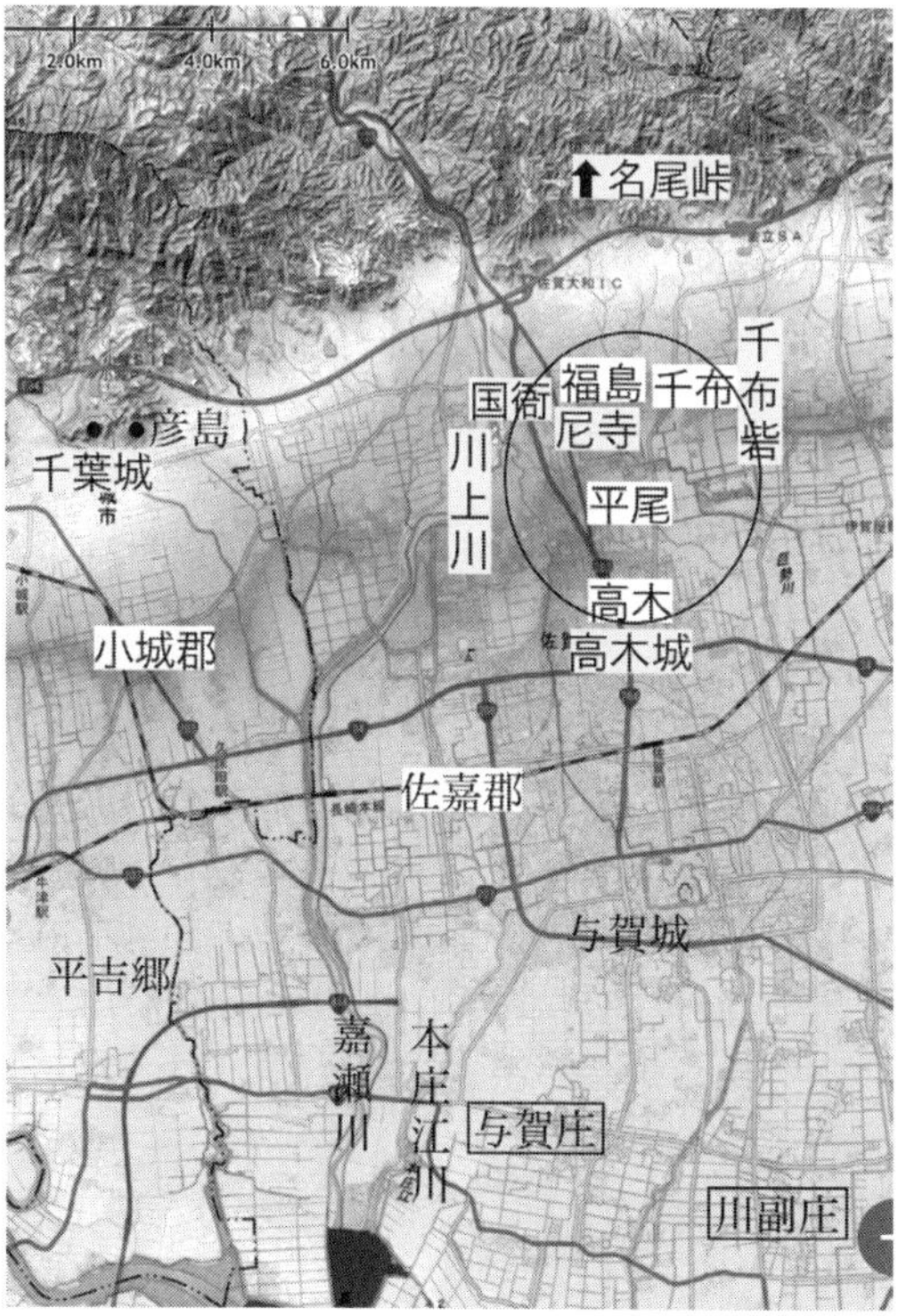

岩部の勢力図　3D カシミール（スーパー地形）に加筆

大宰府の少弐政資はさらに宗貞国の精兵一千余騎を派遣し、岩部・千葉胤将に加勢させた（「海東諸国記」）。二十八日、この宗軍が佐嘉郡の府中に来着し、大昌寺（国分尼寺）に駐屯した。宗貞国はこの出兵に反対だったが、少弐政資に押し切られた。そのせいもあってか、宗貞国は府中でいたずらに日を費やしている。とはいえ「無双の大福長者なり」（「九州治乱記」）と知られ、精鋭部隊をも有する宗氏である。その来援を聞いて、右腕の中村胤明を失った千葉胤朝は陣所に使者を派遣して停戦を模索し、幕府の使者の勧めもあって和平がなった。

彦島の合戦・土一揆合戦

文明二年（一四七〇）十二月二十三日、千葉胤将・岩部常楽・武藤頼邑・朝日・久保（窪）・江上勢は陣払いのため彦島の陣所に火を放った。郷民らはこの炎上を見て「悪人岩部没落なり」と兵具を手に群衆をなして鬨を発し、襲いかかった。岩部勢や府中の兵らは鎧を捨てて四散した。岩部常楽は狼狽死したといい、大宰府からの援兵である武藤左近将監も、この日に彦島の麓で討ち死にした（「武藤弥一右衛門系図」）。江上常種も「文明二年極月廿四日於小城彦嶋討死、少弐方」（「江上系図」）、小城勢は逃れた敵を追撃し東進して府中に至った。さしもの宗貞国も、この敗報にあわてて夜中に脱出した。兵火により府中の伽藍は炎上、国分寺・国分尼寺《にじ》などの五ヶ寺はことごとく炎上、尼寺《にいじ》の印鑰社もこの時に焼失した。千葉勢は国府の小城に凱旋し、岩部・胤将麾下の首級百五十余を城山（千葉城）の麓にさらした。これを「土一揆合戦」という。

敗走中に宗貞国は多くの被害を出した。「大雪に値《あ》い敗れて還る。対馬島の兵千の凍瘃《とうちょく》（霜焼け）

し死する者多し」（『海東諸国記』）という。『九州治乱記』でこの敗走をどう表現したのか見比べるのも一興だろう。「小雨まじりに雪が降り肌をやぶり、寒風は肉を削ぎ耐えがたかった。一揆の大将の千葉次郎胤将はよく知られた強健な武人ではあったが敗戦の常で弓を引きしぼる力も失せ、兵も散々《ちりぢり》となり、主従はわずかとなって金立《きんりゅう》の方に落ちのびた。宗貞国勢は山野に身を隠し、その後で大宰府に逃れた。あまりに慌てて馬や大刀、長刀、武具を陣中に遺棄し、足の踏み場もなかった」。

こうして、肥前でも千葉氏の内戦が応仁の乱の一環として戦われた。千葉家中の内部対立が再び少弐・大内の対立軸、ひいては細川・大内の抗争に収斂されて代理戦争が行われたのである。

この不本意な戦いで宗貞国は多くの兵を失い、少弐政資に無断で対馬に帰国した。「長門・筑前・一岐（壱岐）の境、海賊縦横す。今辛卯《かのとう》（文明三年、一四七一）春、我（朝鮮国）が宣尉官田養民等往きて頼忠（少弐政資）・（宗）貞国を慰めんとし、対馬島に至る。貞国、之を聞き、托《たの》むに海賊路を梗《ふさ》ぎて宣尉官来る能わざるを以ってし、我れ当に往きて迎えんとす。遂に兵を留めて博多・愁未要時（住吉）を守らしめ、頼忠（少弐政資）に告げずして自ら対馬に還る」（『海東諸国記』）という。

この敗戦を機に、少弐と宗氏の間に不協和音が流れるようになり、これを好機として大内氏は幕府を通じて宗氏を調略した。「対馬国宗刑部少輔の許へ御使僧遣わされ候、去る春少弐に同意すべからざるの由の御奉書伊勢守貞宗（政所執事、伊勢宗瑞の従兄）遣わされ候処、今度渡海無く候条、御祝着なり」（『正任記』十月十二日）。これにより、のちの少弐の求めにもかかわらず宗貞国は海を渡らなかった。少弐氏は今まで幾度も戦《いくさ》に敗れながら、雌伏し、富裕で精強な宗氏の支えで再起してきた。その宗氏が離反したのであり（少弐・宗体制の終焉）、これが政資と弟の西千葉胤資の破滅の遠因となった。千葉胤将は亡命した。少弐政資の狙いは失敗した。翌文明三年（一四七一）、今川胤秋の子義秋は一族の再興をはかって旧臣を集め挙兵したが、千葉勢に敗れて七月十九日、佐嘉郡植木村で討ち死にした。今川胤秋が拠した新庄から東東北に二キロのところである。

ちなみに、宗氏被官の柚谷氏の記録には、少弐・宗体制が終焉する様が記されている（「柚谷氏聞書」、柚谷圭三「少弐氏と宗氏」二十六号）。なお、本史料には薩摩の島津氏も登場し、一見奇異に見える。が、肥前松浦《まつら》郡沿岸の早湊村福萬名《ふくまんみょう》が島津領で（拙稿『葉隠研究』九三号）、日本の重要な輸出品である硫黄（火薬の原料）の大半が島津領の硫黄島産で博多の港から（山内晋次『日宋貿易と「硫黄の道」』）朝鮮や中国に輸出されており、早湊村福萬名はその舟運上の中継拠点だったのだろう。

第六章　「藤津郡攻め」の真相を探る

「九州治乱記」に見る松岡城攻略

国衆の大村氏と言えば彼杵《そのぎ》郡（長崎県大村市）の戦国武将である。しかし、中世には藤津郡（佐賀県鹿島市）が本拠で、のち彼杵郡に西遷した。文明元年（一四六九）の祇園会の日、千葉教胤は藤津郡に侵攻して大村氏を攻めている。史料をみると、「文明元年六月十七日、大村を攻め藤津に赴き帰陣の時、杵島郡入江において船没す、卒去十八歳」（「平朝臣徳嶋系図」）とある。信頼できる史料の「岩蔵寺資料」にも、千葉胤紹、千葉胤鎮に続いて「大檀那千葉日孝　六月十七日」死去とある。日孝とは日教の意味であろう。その死をきっかけに、千葉氏の惣領職は嫡流の胤鎮系から傍系の胤紹系に移り、有力国衆の千葉氏は少弐陣営から大内陣営に転換した。肥前の政治状況は根底から激変した。佐賀県鹿島市浜宿の松岡神社に立てられている史跡説明板には、千葉教胤が海路から藤津郡浜（浜町・浜宿）の松岡城に大村氏を攻めたとあり、出典は「九州治乱記」であるという。

それでは、その「九州治乱記」から該当部分を見てみよう。

「応仁三年（一四六九・文明元年）の夏、千葉介教胤は小城・佐嘉郡の兵を率いて藤津郡の大村日向守家親を攻めた。六月十五日、浜松（『藤津郡志襍俎《ざっそ》』によれば浜の松岡神社）に着陣した。当日は此所

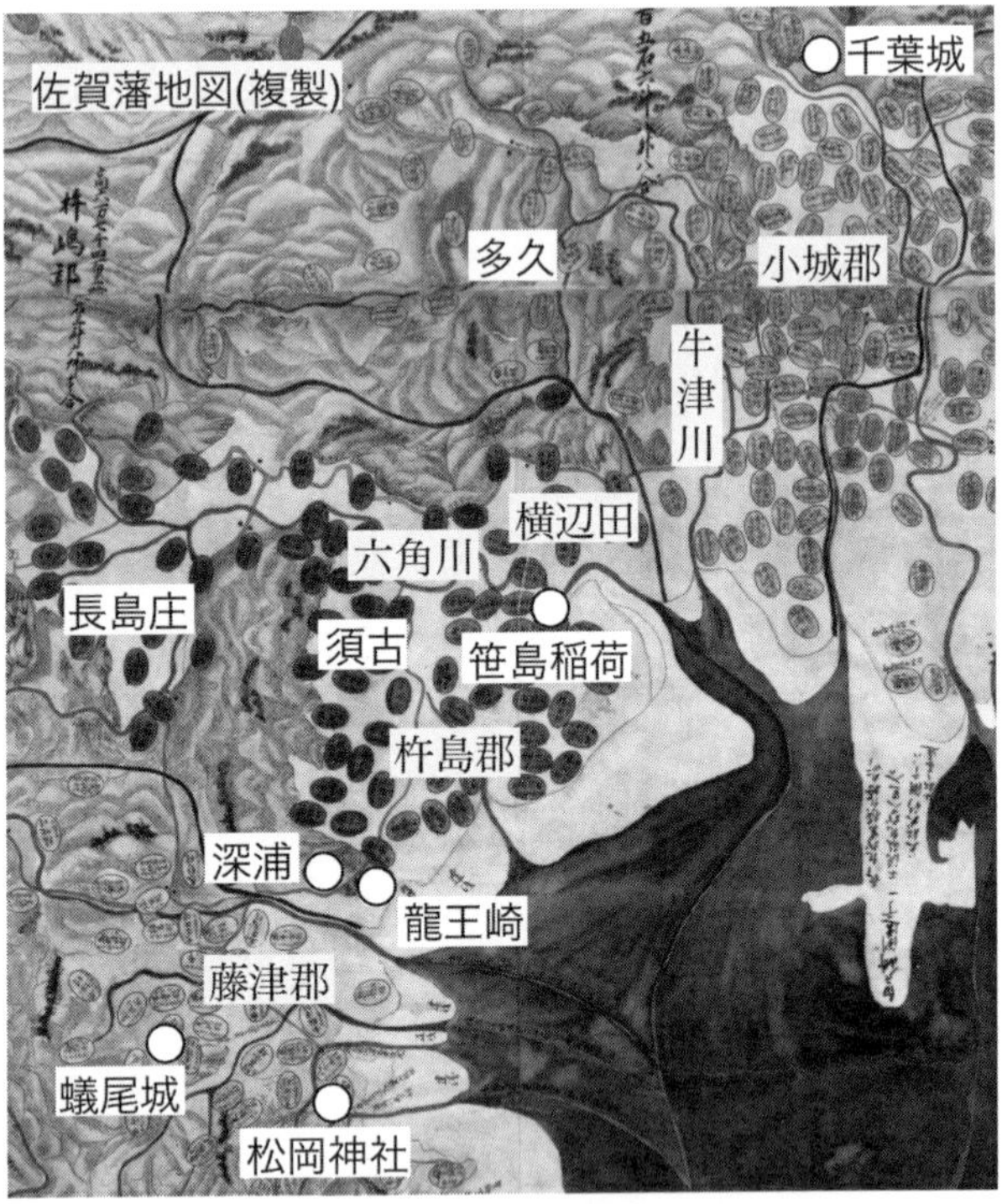

教胤の藤津郡攻め関係地図　佐賀県立図書館蔵の絵図に加筆

の祇園会の日であったが千葉勢は社内に乱入、神事の儀式を妨害し（神饌の）魚肉を取り喰らうなど無法をなした。神主らは怒ってこれを制したが、大勢の兵の前にはいかんともしがたかった。

　すると晴天がにわかに曇り、雷が天地に鳴り響いた。冷たい雨が篠を突くように肌を打ち、あたりは暗闇となった。千葉介の兵らは迷茫として「この雷は神の罰だ、つかみ殺される。急ぎ帰陣せよ」と、湊にあった船に取り乗り国府（小城）を指して逃げ帰った。ところが、海上は大きく波だち、暴風が逆に吹いた。千葉勢の船が大町庄の篠島の沖から八丈島の入江に漕ぎ入った時、（祇園社の）牛頭天王の怒りいまだやまざるか、大将の千葉介教胤の乗船はたちまちに転覆し、教胤や宗徒（侍大将クラス以上の者。ここは主だった家臣、被官の謂か）の家人百余・水手《かこ》（水夫）・揖取《かじとり》（梶取。船頭）共に一人残らず水死した。享年十八だった」という。

松岡神社（佐賀県鹿島市）のすぐ近くには「大村方」という地名があり、大村館があったという。神社は、往時は今松神社といい、麓の東部中学校の敷地にあった。犬馬場や城下という地名もある。裏山には大村氏居城の松岡城があり、その南隣の松岡山には現松岡神社があり、応仁の頃に「今松宮の地峡隘なるを以って」山上に移した。この位置関係から「九州治乱記」の記述は松岡城攻めを意味している。ところが、海路から攻めたとは記されておらず、ただ退却時に港にあった船に乗り込んだとのみある。江戸時代以降の港はすぐ近くの船津だが、それ以前は新方が港で浅い湾だった。

浜崎は岬で、七郎宮が湾奥にあった。『郷０００５佐賀藩地図』によれば藤津郡も遠浅で、『０―３７肥前一国絵図』には「塩（潮）満には舟入、塩引候時は舟不入舟懸吉」（満潮では舟が入る。引潮の時は舟を杭に繋いでおくのが吉）（武雄市図書館、天明三年・一七八三）とあり、たしかに船は入る。しかし牛津川を北に遡上すべきを、なぜ六角川に向かったのか。また、船での帰還に二日かかるのもおかしい。天罰での天候急変・遭難死というストーリーも今日の我々には受け入れがたい。

「九州治乱記」の記述にはさまざまな疑問がある。そこに大塚俊司氏が「野辺文書」により、この侵攻を応仁の乱の文脈から読み解いた（「戦国期における肥前千葉氏の分裂抗争」）。同氏は肥前千葉氏

松岡神社遠景　佐賀県鹿島市

研究を一気に推し進めた碩学である。
「志布志野辺文書」（六月廿八日付野辺盛仁請文案）によれば「千葉介、一勢、筑前の国に差し遣わし候。大友勢になり合わせ探る。三日、原田の城を攻め落とし候……大村方、公方（東軍）の御用に立つべき由懇ろ申し上げられ候と雖も、出頭せざる上は何も存じられ候や、千葉介大村の住城に押し寄せ合戦仕り千葉介討ち負け打死仕り候（千葉介大村住城に押寄合戦仕、千葉介討負打死仕候）、親類・被官人数輩打死仕り候。大村方公方に向かひ申す、少も緩怠無き由申さんと欲し候」とある。
応仁の乱で、東軍の千葉氏はまず西軍の原田氏の城を攻め落とした。ついで同じ東軍方で「公方の御用に立つべき由懇ろ申し上げ」ながら、一向に兵を出さない大村氏を膺懲《ようちょう》（こらしめ）するため住城に押し寄せ、かえって敗死した。この侵攻は応仁の乱の文脈上のもので、千葉教胤の死も水死ではなく攻城戦での討ち死にだという指摘はどちらも画期的であった。野辺氏は肥前にいて東軍主将の細川方に状況を報告しており、同時代史料で信頼性は高い。

「鎮西志・要略」に見る藤津郡攻め

ところで、戦記や千葉氏の系図も転覆での水死説ではあるが、内容的に食い違いがある。

○「歴代鎮西志」「六月中旬、千葉別駕教胤多兵を引卒し、大村家親を征す。家親藤津に出張し千葉の勢を相防ぐ時や、炎天遽然として（にわかに）寒水を降らし、渡船に乗り込み、船たちまち転覆す。教胤以下軍士百余人、篠島の潮水に没す。けだし教胤、祇園恒例の鎮祭、小城祇園会は六月十五日を怠廃せんゆえに神罰のいたすところか。また今松松岳の鎮守、家親を擁護したまうかと」という。この記述では、大村氏の彼杵郡西遷が前提のようだが、移転は後代と考えられる。

○「歴代鎮西要略」「六月中旬、千葉介教胤、多兵を引率し西南に発向、大村家親を伐つ。家親はすでに藤津と杵島の間に出張し、これを拒む。千葉衆、船に乗り、まさに大町江を渉らんとす、時に炎天、遽《にわか》颯々にして雨、寒氷雷電交発、数千軍兵船に乗り込み転覆、ことごとく八條島江水に溺死す。教胤、今年十九才なり。けだしこれ、祇園恒例の祭怠廃し出陣のゆえか云々。大村家親、今松松岳の擁護により、兵を労せず勝利す。もっておわんぬ。藤津・杵島郡を領得す」とある。大村勢は藤津郡と杵島郡の境まで進んで千葉勢を迎撃した。千葉勢が小城に戻ろうと六角川を船で渡河しようとして天候急変で船が転覆したとある。なお、両書ともに小城の祇園会をサボって出兵したと記している。

「九州治乱記」に比べ、この二書の記述は至極穏当で現実的である。しかし、まずは篠島や八條島（八丈島）が実際にあったのか、また、都合よく天候急変がありうるのか検討しなければならない。

伝承から探る篠島

のちの千葉生出「神代家文書目録」によれば、「鎮西に御下り候てより、肥前にて西目に少々軍《いくさ》（戦い）の刻、おさめに藤津加嶋迄御越の刻、佐賀に火煙見え申候間、跡に軍出《しゅったい》来候と候て、そのまま御帰被成候、そのとき白石の内『さゝ嶋』ノ沖にて御召船損し申、太刀も海に沈申候、左候て三年経候てより夢想に『さゝ嶋』ノ沖に沈有の間、取候様にと御座候、其告にまかセ、海中をさかし取上候て、今迄御座候由伝候由」とある。東千葉胤誠につき従い、山内の神代家に亡命した平田氏がこの伝承を残している。ここには「ささ嶋」（篠島・笹島）沖での御召船の沈没や、妙見の太刀も水中に没したと記されている。のみならず、千葉教胤の藤津攻めの際には佐嘉方面に煙が見えたことから、後方で戦いが出来したのだろうと一転帰国した、とある。

①篠島と八條島　「鎮西志」には「篠島の潮水に没す」、「鎮西要略」には「八條島江水に溺死」、「九州治乱記」には「篠島の沖から八丈島の入江に漕ぎ入ったとき」とある。「篠」は「しの」「ささ」と読む。佐賀県白石町では六角川南の東郷移に笹島稲荷社がある。この神社は島地形上にあり、笹島稲荷・旧土居の西は篠《ササ》が繁って繁茂すると、こんもりした島に見える。まさに、篠の島である。

それでは、八條島（八丈島）はどこか。六角川の旧河道（古川）は北に大きくカーブし、その蛸《たこ》頭状のカーブの中は「八町」と言い（国土地理院治水地形分類図）、文字的には「八丈島（八條島）」と近似している。この旧川筋の東側河口は笹島稲荷の対岸で、上に古川樋管があって昭和の国土地理院地図では島地形（東古川排水機場周辺）の場所である。武雄河川事務所によれば、この東河口の島地形は「捷水路を整備したときに築堤しているようです」とのことであった。よって、この対岸の島地形は考慮しなくても良い。なお、ダムに詳しい史会会員に意見を求めたところ、水の勢いを分散し弱める「象の鼻」だろうという教示を頂いた。

篠島と八條島は「條」の文字が共通する。篠のくずし字は「八條」とも見え、「八條島」は篠島を誤読したものではないか。八町の地名にも誤解をうむ余地があった。結論として篠島＝八條島＝

笹島遠景（上）
笹島稲荷（下）
佐賀県鹿島市

八町地区　国土地理院地図に加筆

笹島稲荷と考える。戦国末の六角川は有明海が西に湾入していた。応仁の乱当時なら入江（河口か）の奥に篠島があっておかしくないし、いずれにせよ陸路で小城に帰るにはこのルートが行程的に最短となる。

②追崩　島原半島の島原氏は、のちの小城鍋島藩に子孫が仕えた。そのため小城藩にその系図が伝わった。驚くべきことに、この系図には島原氏と大村氏の関係が記されている。

・嶋原純俊の条「嶋原八郎右京亮　嶋原城住入道覚知　実大村丹後守子　応永十一年於白石討死」。
純俊は大村家徳《いえのり》の子で島原氏の婿名跡を取った。

・嶋原純俊の子の徳純の条「式部太輔　文正元年（一四六六）大村丹後守家徳有尾城普請の時人夫加勢ス云云　応仁元年（一四六七）五月七日卒」。大村家徳の孫で、家徳の有尾城普請に加勢。教胤侵攻の二年前に死去。晩年の家徳は有尾城を築き、千葉氏への対抗姿勢を露わにした。

・嶋原純俊の孫の俊秀の条「文明元年（一四六九）於大村千葉介教胤追崩《おっくずす》（追いかけて攻めくずす。敵陣を破って追い散らすの意）」。

今まで話題にもならなかったが、島原氏は大村氏系で二代にわたり千葉氏への対抗姿勢を支え、千葉教胤の藤津郡侵攻では、島原勢が大村家親に加勢して千葉勢を追い崩したという。

③はやん風・南風　ところで、天候急変による川での船の転覆はありえるのか。有明海では「はやん風（南風）に気をつけろ」と言い、この時期の南西風は突風となったり雨を運んでくる。有明海の干満差は湾奥では六メートルもあり、満潮は標高六メートル付近まで川を遡上する。六角川では「満潮は高橋、大潮は潮見まで」といい、満潮が長島庄まで遡上した。平底の船は波に弱く不安定であり、兵を満載して満潮時の南風により転覆したとすれば、それは現実的にありうる話であった。

合戦場と城を巡って

ここで改めて「野辺文書」に記されている「千葉介大村住城に押寄合戦仕、千葉介討負打死仕候」であるが、この「大村住城」とはどこであろうか。有尾城、松岡城、郡境が候補地として考えられる。

①有尾城　蟻尾山《ぎびさん》（佐賀県鹿島市）は標高約一八〇メートルの穏やかな丘陵である。有尾城造営から十年後の文明八年か九年（一四七六・七七）に千葉胤朝が攻めこんで有尾城を落し、大村家親は逃亡した。大村氏は浜の松岡城・大村方を本拠（住城）としていた。大村氏が有尾城に移居したと記す

有尾城跡　佐賀県鹿島市

史料は見たことがない。小城郡の千葉城には水源があり（「佐賀藩寺社方抜書」）、発掘調査によれば当時の山城としては珍しく城主が常住していた。当時の一般的なスタイルは、ふだんは麓の平城や微高地の館城に常住し、敵が攻めてきたら詰城の山城に一時的に籠もるというもので、千葉城は例外だった。かたや蟻尾山では現時点では威信財は見つからず、常住施設の痕跡が出たという話もない。しかも蟻尾山に水源はない。また中腹の高津原台地は、一見すると城下町や耕地適地だが、実は川も水源もない荒地だった。湧き水もなく、雨も一気に下の平地に流れ落ちて水は溜まらず、灌木や雑草が生い茂った。そのため、江戸時代になって上流の西三河内から取水して山の斜面に水道を掘り、高津原台地まで全長三・五キロの水道を引いた（『鹿島市の文化財』）。

以上をふまえると、大村氏の「住城」がこの有尾城かと問われても大きく疑問符がつく。『佐賀県中近世城館』（佐賀県教育委員会）では「現存する（有尾）城の構造には（大村家親の）十五世紀段階には発生しない要素が数多くあって、最終的には戦国末期頃に大規模な改修を受けたことが明確」とある。さらに、有尾城はほんとうに大村氏の城か。原氏の城ではなかったかという論点すらある。

もっとも、これは大村氏が西遷した後の話で裏付ける史料もない。

②松岡城 藤津郡の浜地区は佐賀平野の最南端にあり、海からの藤津郡の入口として重要で港町として栄えていた。そして松岡城は今日、松岡神社のある丘陵上にあった。のち、有馬義貞が藤津郡で松岡城を本拠としたのも有明海の水上交通の拠点だからである。大村館跡とされる大村方は松岡城とは川をはさんでわずか四〇〇～五〇〇メートル、徒歩では五分ほどで、一体と考えられる。地勢的には元は有明海に面していたのだろう。そして松岡山のある浜宿は豊富な地下水に恵まれた海上交通の要衝で、同地区の往時は新方が港で水運の重要拠点だった。蟻尾山は松岡神社からは徒歩で十五分くらいだという。

結局、一次史料にある大村氏「住城」とはどこか。大村家徳が有尾城に移居したとする史料もなく蟻尾山には水源もない。街道と港町が一体化した浜の城こと松岡城のほうが住城としては現実的であり、松岡城＝住城、蟻尾城＝詰城・支城・防衛拠点と解するのが穏当だろう。この教胤の出兵は満月の大潮の時期で潮水が氾濫し、この時期に千葉勢が長駆して藤津郡平野部に侵攻すれば作戦行動上、大いに困難がともなう。沿岸部に面した松岡城であれば尚更である。

藤津郡平野部はこの頃には潟泥が堆積して陸地化（沖積化）も進んできてはいたが、治水は進まず低湿地が広がっていた。特に北鹿島平野から塩田川周辺は地勢が低く湾が入り込み、五の宮神社から塩田町まで湿地や沼沢地が広がっていたという。沿岸部の低平地はなおさらである。今日、松岡神社の麓にある浜川も往時は暴れ川で、北の石木津川の方に流れていたのを江戸時代に人工的に流れを変えたものであり、今でも満潮時には増水する。大村氏は湿地や大潮を利用して有利に迎え撃ちえた。

③郡境説　大村氏が郡境で教胤を迎撃したとする「鎮西要略」の記述も要検討だろう。龍王崎を東端とする深浦の岬跡段丘が杵島・藤津の郡境にあたり、往時は龍王崎の東麓はまだ潟で、湿地も西に深く入り込み、陸路なら千葉勢は深浦峠を越えていったん西進し、大きくまわり込んでから南東に進むことになる。幕末佐賀藩の執政である鍋島茂真《しげまさ》は嘉永七年（一八五四）、覚書『御用通幷公用諸控』（県立図書館S複図022）に記した。「龍王崎はたびたび御通行遊ばされ、お考えの処、実に至極の御要害の場所ともお考え遊ばされ候、鹿嶋・龍王江の船路の弁理もこれあり、東西十分の見渡し相見へ、泥海にして容易に船寄申さず、要害に最上と思召され」とあって、龍王崎は要害として最上であると記している。「野辺文書」には「住城」とあり、②松岡城が妥当だが、龍王崎のある郡境の深浦一帯に布陣して、大村勢が千葉勢を迎撃した可能性も無視はできない。

教胤の死因をめぐる謎

「討負打死」も問題である。千葉教胤は討ち死にだったのか、それとも転覆死だったのか。しかし、そもそも二者択一の問題なのか。ナポレオン麾下のポニャトフスキ元帥は作戦中に渡河せんとして水死したが、語彙の豊富な今日でも、この陣没が「戦死」と形容されることがある。多くの人はそれほど厳密に言葉を選んでいない。

千葉教胤はすでに過去の人物で、具体的な死の状況は重要ではない。野辺氏が報告すべきは、細川の最大の関心事である大村氏の今後の動向であった。そして、野辺は「大村方向公方申、少も無緩怠由欲申候（今後も怠ることなく仕えると大村氏が幕府に上申云々）」と記しており、大村氏は当座は東軍にとどまる、西軍には寝返らない、これこそ書状が伝えるべき眼目であった。退却中の転覆死を手拍子で「討負打死」と表現したとしても矛盾はない。ましてや島原氏の系図には「千葉介教胤追崩」とあり、撤収する千葉勢を大村・島原勢が追撃したという伝承でもあったのだろう。大物の国衆が戦死すれば多くの噂がとびかうのが通例でもある。こういった意味で「討負打死」の四文字のみをもって千葉教胤の水死は事実ではないと断ずるのは現時点では早計だろう。系図や後世の戦記の類いではあれ、一様に「転覆死」と記している点は、やはり無視できない。

征討の動機

現在、大塚俊司氏が提示した応仁の乱の文脈で、開戦動機を説明するのが定説である。ここに加えるに、攻め手の千葉家中の内部事情として権臣の中村氏と大村氏との領土紛争も併せ考えたい。

長島庄（佐賀県武雄市）には御家人の渋江氏がいた。その一族の中村胤宣は辣腕家で、小城の千葉氏に仕えて家老になり、ついにはクーデターを起こして小城郡代にまで栄達した。この中村氏は渋江一族内でも強勢だった。大村氏も大草野北方（藤津郡塩田町）を奪われながらこれを甘受するしかなかった。この領有問題は数代にわたりくすぶり続けた。千葉教胤の侵攻当時は中村胤明が執権で、東軍の出兵催促に大村氏がなかなか応じないのは胤明にはむしろ好都合で、千葉勢を動かして一族の領地紛争にケリをつける格好の好機でもあった。

千葉胤氏と妙見の太刀

この千葉教胤の死で嫡流（家）は絶え、遠縁の胤朝が千葉氏の惣領を継いだと「九州治乱記」は記す。ところが、実は教胤の叔父の胤氏が生き残って事故の翌日に「歸舩」、つまり船で小城郡に生還した。嫡流家たる千葉胤鎮の血脈は絶えてはいなかったのである。東千葉氏が滅亡した際、遺児の胤誠は神代氏の山内（三瀬）に亡命した。『三瀬村史』には次の伝承が記されている。

篠島での遭難の折に妙見の太刀を海中に投じて八龍大神に救いを求めたところ、鮑《あわび》が集まって舟の割れ目を塞ぎ、船は沈まずに安堵の地に着くことができた。それから八大龍王は肥前千葉氏の守護神となったという。ところが、千葉教胤はこの遭難で亡くなっている。また、肥前千葉氏で八大龍王は東千葉胤誠が亡命先の山内で祀ったと聞くていどである。では、この伝承はどう考えたらよいのだろうか。

この海難事故から生還した千葉氏とは、記録では千葉胤氏である。その子孫の徳島氏は平吉郷（芦刈町）に曹洞宗福田寺を建立した。その末寺の極楽山安養寺の抱宮が八大龍王宮で、安養浄土とは阿弥陀仏の座《おわ》す極楽の謂でもあり、安養寺は鎌倉時代の千葉時胤が埋葬された阿弥陀堂（「千葉大系図」）の後身と考えられる。また、八大龍王は浄土（阿弥陀）信仰や禅宗にはなじまない。そうすると、安養寺に八大龍王の抱宮があったのは、龍王譚が千葉胤氏の生還にかかわる伝承だったからであろうか。

ところが『葉隠聞書』には、この鮑の話は千葉氏の西国下向の時で、「その後、千葉一家、家来まで鮑を食わず。もし誤って食すれば、身のうちに鮑の形に腫れいで候由」とある。であれば、『神代家文書目録』の「千葉生出」には、教胤の藤津攻めで六角川で「太刀モ海に沈申候」とある。そしてこの妙見の太刀の水没と鮑の伝承が結びついて『三瀬村史』の伝承になったのだろうか。なお、六角川の水中に没した妙見の太刀は、三年後に水中から引き揚げられたという（「平田氏書状」）。

東千葉氏滅亡の際、胤誠は神代勝利の許に亡命し、のち神代長良に「老後子孫なきに依り家の重宝系図を始め（系図・妙見像・太刀）、ことごとく神代家に譲り渡せしもの也」（「神代本千葉系図」）といい、「神代常親書状」にも「右系図千葉胤誠より神代長良へ相渡候～猶以右系図同前に胤誠より長良へ被相渡候妙見大菩薩の絵像、并太刀一振御座候、此太刀妙見太刀と申伝候」（「神代家文書」）とある。また、「右の太刀……岩蔵寺へ預け召置候……寛（寛永）十八年（一六四一）七月廿日」ともある。

神代長良死去（天正九年・一五八一）から約五十年後、寛永八年（一六三一）より以前に、東千葉氏より伝わったこの系図に、神代常親は先祖の勝利以下の名を書き加えた。そして約十年後に本藩藩主に上覧いただくことになり、常親は系図に神代氏歴代を書き加えた点と、サビて漆も塗られ見苦しくなったことを手紙で釈明した。

余談ながら、神代常親の代に神代氏は姓を平に改め、常親から三代千葉氏の通字の「常」字を用いた。島原の乱では千葉氏の家紋を用いている。通字・紋を戻したのは鍋島氏出身の直長の代である。とはいえ、跡継ぎのいない東千葉胤誠が系図を献上したことをもって、神代氏が千葉氏を相続したとするのは飛躍がある。当時は簡単に本姓を変えている。言いうるのは、（千葉氏を意識して）神代常親が平姓を称したということまでである。なお、「神代本千葉系図」では、東千葉胤誠の妹が神代勝利と婚姻したと記すが、その婚姻も他に記録はなく首肯しがたい。

以上見てきたが、五百年以上も前のことで確たる結論は出しようもない。こうした周辺情報を厚く積み重ねていくことで、見えてくるものもあるだろう。

第七章　胤朝・胤盛兄弟の内訌

胤朝の藤津郡侵攻

ここで千葉胤朝のもう一人の弟、千葉胤盛が登場する。胤盛は、やはり少弐政資の後援をうけて家督を主張し、大内派の兄に戦いを挑んだ。文明八年（一四七六）二月三日、佐嘉郡高木の河上神社領神野仏性田で違乱（決まりに背いた秩序紊乱）があり、胤盛が高木氏に書下状を発給している。これは千葉胤盛の名で年号の付された最初の書状で、佐嘉平野の有力者である高木氏に対し、末代まで高木姓を名乗ってはならないと裁断している（「河上神社文書」）。この土地は胤紹が嘉吉三年に河上神社に安堵したもので、文明八年頃に胤盛は佐嘉郡ですでに半ば自立・割拠していたのであろうか。

文明八年二月、千葉胤朝は藤津郡（佐賀県鹿島市）の大村家親を攻めた。家親は敗れて有尾（蟻尾）城から逃げて、内田城に入ったという。この内田城は、どこに所在していたのか。佐賀県武雄市東川登町永野には小字内田と内田天満宮がある。武雄図書館蔵『続編三三六肥前全図』では、内田村のすぐ西の矢岳村・神六村・庭木・宇土午・高瀬・袴野も「内田の内」とある（郷０００５佐賀藩地図 複製）。

ところが「九州治乱記」では、文明九年二月に千葉胤朝が藤津郡に出征して内田氏に大村家親の有尾城を攻めさせ、家親は防ぎきれず逃走した。「藤津郡志襍俎」にも次のような伝承を記している。

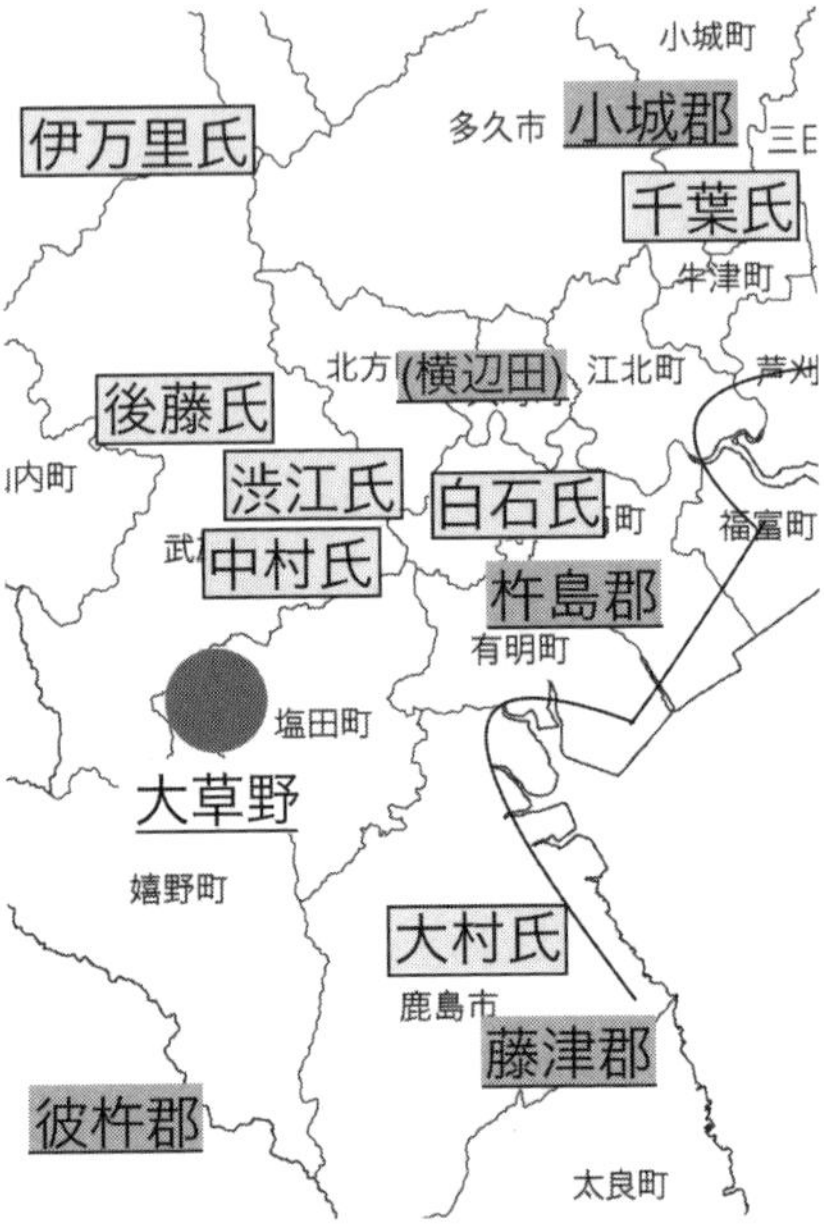

牛津川西方の国人衆

杵島郡内田の関連地図　佐賀県立図書館蔵の絵図に加筆

大村家親が守りを堅めていた城を内田氏がしきりに攻め、家親は詭計をもってこれを退けた。城は短時日には落ちないと悟り、内田氏は水道を断って城を囲み持久策をとった。ある夜、内田は味島神社周辺に松明を多数かかげ、大兵力が襲来したように偽装した。家親が表門を堅めて裏門が手薄になり、内田氏は伏兵を以て背後の大殿分か若殿分から攻めて、ついに城を陥落させたという。同じ内田でも「鎮西志」や「鎮西要略」は城名とし、「九州治乱記」は千葉氏の武将とする。千葉家臣の内田氏はここにしか出てこず、そうであれば内田＝城名説を採用したいところである。

有尾城（蟻尾山《ぎびさん》）より国道四四四号線を六キロほど南の山間に入っていくと、能古見《のごみ》本城地区がある。標高三三〇メートルの山頂には山城の山浦城（原城）があり、この年に「在尾城に拠った大村家親は小城の千葉氏に敗れて本城に逃れたと伝えられているが、恐らく（能古見本城地区の）この原城（山浦城）……と考えられている」（『鹿島市史』上巻）。そして、この本城逃亡説の出所は、近代の『鹿島村郷土史』であるという。

しかし、本城（山浦城）に逃れたとする記述の典拠は不明である。山浦城は曲輪が山頂の尾根沿いに広がり南北に三三〇メートル、東西は急勾配の断崖で天然の要害である。藤津郡では有尾城に次ぐ山城で、後年に有馬氏か龍造寺氏が整備拡張したものといわれている。

千葉胤朝の反撃

打ち続く十一年の内戦によって、国中が疲弊し窮乏していた。文明八年（一四七六）に応仁の乱は終息し、十一月、東西の諸侯らはようやく京都より帰国した。西軍の大内政弘の大軍も長く京都にいて九州は手薄になり、少弐など東軍派が勢力を伸長していた。そのためか、応仁・文明の乱の最中には少弐派の千葉胤盛が兄より優勢で、文明九年（一四七七）十月七日の河上社棟札には、大宮司は千葉胤盛、郡司は岩部胤利とある。岩部は平姓で千葉氏の譜代である。「勧進佐嘉郡上下耆同心奔走」と記され、「耆《おさ》」とは耆宿《きしゅく》のことで長老を意味する。段銭を賦課して河上社を造営したが、この時には一国平均役での段銭徴収ができず、佐嘉郡の長老らが奔走し寄進をかき集めたのだろう。

この年、大内氏の軍勢もようやく周防に帰国し、西軍の大内氏と結んだ千葉胤朝が巻き返した。東軍少弐派の胤盛の段銭徴収がはかばかしくなかったのも道理である。そして千葉胤朝が藤津郡に侵攻したのは反撃の一環であろう。

翌文明十年（一四七八）、大内政弘が九州に攻め込んできた。長い上京中に少弐に奪われた勢力圏を奪い返すためである。これにより千葉胤朝も胤盛に対して優勢となった。同年、大内家臣の陣中日記である「正任記《しょうじんき》」によれば、大内介は大宰府に出兵し九月に少弐を撃破、十月には諸将をして佐嘉郡春日城（佐賀市）の千葉胤朝に合力させた。そこには多久・秋月・千手氏が挙がっている。五日には春日城の胤朝は譜代の円城寺修理亮を大内介に派遣して御太刀などを献上した。六日、胤盛は和解案に応じようとしたが、「小城の城」の明け渡しを拒んで和議はならず、千葉胤盛討伐が決定された。胤盛は月末にも大内氏の和平案に応じたが、胤朝は優勢をたのんで強気で拒否した。千葉胤朝は大内氏の力を背景に勢力を回復し、主導権をとりもどした。

文明十年十一月十五日付「安堵状」では、千葉胤朝が武雄社大宮司（嘉門か）に佐嘉郡平尾二十町、高木のうち神野仏性田三十町を安堵している（「武雄神社文書」）。胤朝の威勢は杵島郡西部（佐賀県武雄市）にも及んでいた。文明十二年（一四八〇）六月十九日には、佐嘉郡山田三十町を千葉胤朝・千葉胤盛それぞれが河上神社に安堵した。同一文面ながら胤朝は「知行」、胤盛は「御知行」と記し（「河上神社文書」）、胤朝優位で和睦していたと推察される。

胤盛はその後も生き残って文書を発給し、胤朝と併立した。諸家系図の「千葉家系図」では胤盛の条に「自是両家分」（これより東西両家分かれる）とある。千葉氏の東西分裂はすでに始まっていた。

ところで一次史料によれば、千葉城は小城城・小城の城・小城々・小木要害（正平十五年・一三六〇）・小城大城（応永二十五年・一四一八）・小城要害（永享十年・一四三八）などと表記が変わり、千葉氏の政治的威信が高まると共に要害や大城と記されるようになった。しかし、この文明年間（一四六九～八七）以降は分裂が恒常化して対外的な地位が揺らぎ、それと共に一次史料での千葉城の記述はなくなる。そして「千葉城南麓の明隈《あけぐま》遺跡からは大内氏の領国であった周防・長門国内から出土する周防型の土器（すり鉢）が数点出土」（『千葉氏関連遺跡について』）している。これは、千葉氏が大内陣営となった表れであろう。

肥前今川氏が千葉氏に臣従

さて、今川胤秋・義秋が相次いで討ち死にし、生き残った従弟の今川秋景は千葉胤朝に臣従して、文明十一年（一四七九）、持永の名乗りを許された（「小城藩士佐嘉差出古文書写」）。持永姓の由来は晴気保の用永《もちなが》名と考える（「宗像大社文書」延慶三年・一三一〇）。なお、差出人の署名の左横に名宛人の名があるのは秋景の立場の弱さを示す。この改姓は「天下一苗字」の結果とする意見もある。天下一苗字とは、永享の乱（永享十年・一四三八）での功績により将軍が与えた、宗家以外には今川の名乗りは許さぬという特恵待遇をいう。しかし、肥前については文明十一年（一四七九）まで肥前今川氏も今川を名乗っており、また「鎮西志」でも永正七年（一五一〇）に今川胤親が登場する。さすがに、これでは改姓が天下一苗字のためとは認めがたい。むしろ肥前では、他にも少弐・龍造寺・千葉氏ら覇者の嫡流家の生き残りはみな改姓していることが注目される（会津の伯庵系を除く）（拙稿「持永氏のこと」『小城の歴史』八七号参照）。

第八章　家臣平井氏の杵島入部

平井氏が肥前小城に来住

平井氏は千葉氏に仕え、杵島郡に入部して有馬麾下に転じ、のち対龍造寺戦で名を馳せた。その平井氏が白石須古（佐賀県白石町）に来住したのはいつか。文明九年（一四七七）、千葉胤朝が藤津郡への侵攻後に杵島郡須古に平井氏をおいて大村氏や有馬氏に備えさせたとし、これを須古来住の初めとする（『白石町史』『杵島郡史』）。しかし、この侵攻では「鎮西要略」が「臣を居きその封疆《ほうきょう》（領界）を戍《まも》る」と記すのみで、平井氏を須古に置いたとする典拠が不明である。のちの東千葉喜胤が杵島郡征討（永正八年・一五一一）で平井山城守を大村への押えとしたとする「鎮西志」と混同したのか。平井氏の入部と千葉氏・中村氏の動向は表裏一体であり、ここで平井氏の杵島郡来住の経緯を考えてみたい。

応永年間（一三九四〜一四二八）、「詫摩《たくま》文書」にも平井氏が出てくるが、少弐や千葉氏の被官とも読み難く、少弐系平井氏との関係はわからない。平井氏の先祖は元寇の名将・少弐景資で、平井頼兼の代に筑前から肥前小城に来住して千葉介を頼り、さらに杵島郡須古高岳城（佐賀県白石町）に移った（「蓮池平井系図」）。高城、須古城ともいう。嘉吉二年（一四四二）十月の大内持世と少弐教頼の戦いでも、少弐麾下に平井の名が出てくる。「鎮西志」によれば、応仁元年（一四六七）に千葉教胤の被官らの中に平井の名が出てくる。これが小城郡での初出である。大内氏による筑前制圧から二十数年の間、少弐氏は各地で撃破され、筑前や肥前を逃げ回っていた。そのため、少弐一族の平井頼兼は筑前から肥前小城に遁《のが》れてきたのだろう。

平井氏が杵島郡に入る

平井氏を杵島郡に派遣したのは千葉氏だと小城では語られてきた。この点、中村氏宛の「大村家親書状」（「橘中村文書」）では、「此の間、平井方より子細《しさい》承り候間、申し談じ候処、お懇《ねんご》ろに通じ承り候、本望に候、自今以後において二心なく申し承るべく候、然りと雖も、先例の儀に任せ、大草野北方の事、進《まいら》せ置き候（進上する）、後日において相違あるべからず候」（年不詳九月八日付）と記されている。中村氏は千葉氏の家老で、大村領の大草野北方を長く占拠していた。右の書状は平井氏の斡旋・仲介で、大村家親が中村氏にこの係争地の領有を認めたものである（『武雄史』）。この時点では、中村氏の領土紛争を解決する実益があるのは主君の千葉氏であり、平井の仲介交渉は千葉氏の家臣としてと考えるのが理にかなう。

大村氏は南の藤津郡の国衆で、中村氏は杵島郡長島庄の渋江一族である。先述したように、文明二年（一四七〇）には大村家徳が有馬氏に放逐されて客死し、文明八年（一四七六）か九年二月には大村家親が千葉胤朝により藤津郡の有尾城から放逐された。戦記の信頼性という限界もあるが、これらの大村氏の動向を勘案し、平井氏の交渉が記された右の書状は文明二～八年（一四七〇～七六）のものと仮定する。

文明五年（一四七三）、平井資世とその子の頼秀は大檀那として白石のお水堂安福寺の大般若経典を修復し、翌年にも阿弥陀如来坐像を再興した（八尋和泉『九州仏像の現所在と原所在』）。これも時期的に符合しており、文明五年にはすでに杵島郡にいたと考えられる。しかし、千葉氏が被官を配したのはあくまで杵島郡の東横辺田で、新たに西横辺田や六角川南方の白石郷に封じた例は聞かない（強いて言えば、のちに東千葉喜胤が岩部を須古、中村を潮見においたくらいだが、外寇対策の喫緊の措置であった）。杵島郡は千葉氏の勢力圏だが、白石郷の白石氏が千葉氏被官だったと示す史料は確認できない。当初、千葉氏が平井氏を封じたのは白石郷や須古ではなく、実効支配が及ぶ東横辺田と考えるのが自然である。

平井氏が派遣された背景

北大草野には妙見谷や「みうけんさん」のお堂（政光妙見）がある。北大草野は中村氏と大村氏の係争地で、千葉氏の象徴である妙見社が重臣の中村氏の実効支配地にあることは、実に象徴的である。この大草野北方は南向きの傾斜地で日当たりがよく、山からの水も流れ耕作にも好適である。

みうけんさん　佐賀県嬉野市

千葉氏による平井氏の派遣については、中村氏がかかえるこの領土紛争と、主君の千葉氏の動向の二つが背景にある。中村氏は杵島郡長島庄の総地頭渋江氏の一族である。長島庄は肥前でも二番目の庄園で、六角川流域も長島庄までは標高も低く、満潮時は上流の高橋まで、大潮時は渋江氏の本拠の潮見まで潮が遡上して舟で往還できた。宗家の渋江氏は分家の牛島氏との内訌に足をとられて勢力を伸長しえず、のちには塚崎庄の小地頭後藤氏が長島庄の総地頭をも補任された。

かたや、支族の中村氏は威勢をもち、印鑰社を自領に移転した。肥前でも有数の長島庄で千葉氏を背景に主導権をにぎり、貢納物などの舟運物流をも掌握したらしい。それらを背景にしたのか、中村胤宣は千葉家中にあって家老にまで栄達した。享徳四年（一四五五）十二月（七月二十六日に康正に改元）、本家の渋江公代は一族の中村氏に対し、「一、就何事候ても大小事尋申候て可申談候」云々と辞を低うした（内定条々の件「橋中村文書」）。同族の牛島氏も低姿勢だった（康正二年 牛島公治契状「橋中村文書」）。千葉氏家老の中村氏は渋江一族中でも強盛だった。

中村胤宣は大内氏と結んで胤鎮の弟の胤紹を惣領にすえ、永享十一年（一四三九）、占拠した大村領の大草野北方について、中村氏は自らにも領有の根拠があると主張した（大村宛案文「橘中村文書」）。「大草野北方の事、（大村氏の）御本領に候と雖も、此方（中村氏）依りも由緒候、別して申し候、属され申し候上は、公私一味同心たるべく候、殊に出陣の時、自身指合（力を合わせる）事候」。永享十一～十二年の「大草野北方検注帳」他も中村氏の実効支配を示す（「橘中村文書」）。対する大村家徳は、軍事的助力を中村胤宣から受けねばならなかったようで、「自今已後一味同心候」、また、中村の背後には千葉氏もあり、この占拠を甘受せざるをえなかった。

それでも武門の意地なのか、悔しまぎれか、助力の約束が果たされないなら大草野北方は以前のように知行すると大村家徳は書き添えた。「大草野北方の事、先ず差し置き候。自今已後一味同心候者然るべく候、若し又御等閑《なおざり》候者、本の如く知行すべく候、恐々謹言」（大村家徳書状「橘中村文書」十二月十七日付、中村宛）。こうして胤宣は大村氏から大草野北方を奪い、それ以来、大村氏との間には領地紛争がくすぶり続けた。

また、繰り返しになるが、平井氏に関わるので中村氏・大村氏の動向を改めて確認しておこう。大村家徳の時代、千葉教胤の家老は中村胤明だった。今川胤秋が大内氏や千葉胤朝に与して反乱した際、中村胤明は今川胤秋に通謀した。ために千葉勢の主将の中村胤頼は討ち死にし、中村胤明はその後も教胤の家老として名が挙がる。大村家徳は、文正元年（一四六六）に有尾城を造営して千葉介への対抗姿勢をあらわにした。翌年の応仁の乱では千葉教胤は大村氏と共に東軍派に属したが、大村家徳の底意ある動きに、千葉教胤は藤津郡に討伐しにいくも、かえって陣没した（文明元年・一四六九）。中村一族は三代にわたり、大村氏との領地紛争を抱えてきた。千葉教胤の大村討伐は応仁の乱の文脈で今日はコンセンサスが得られているが、実は権臣の中村氏もこの大村討伐で宿痾《しゅくあ》たる領有権紛争を清算でき、利益を得られる立場だった。

胤朝から千葉城を奪った弟胤盛

物領の教胤を突然に失い、千葉一族・家人は遠縁で宿敵の胤朝を総領に選出した。ここに肥前千葉氏の一門家督は傍系の胤紹系に移り、千葉氏は大内陣営に転換した。大内派の胤朝の擁立は事実上の政変であった。この時も、大内派の中村胤明が二人の家老のうちの一人だった。

ところが文明二年（一四七〇）、中村胤明は岩部との内戦で討ち死にし、同年、大村家徳も有馬勢に放逐され客死した。領地紛争の当事者が入れ替わり、ここで事態は大きく動きだす。中村氏の領地紛争を収拾するため、千葉氏は平井氏をして藤津郡の大村氏と交渉させ、大村氏が中村氏による係争地の支配を認めたのである（「橘中村文書」）。紛争は解決するかに見えた。

しかし文明八年（一四七六）か九年になって、千葉胤朝が藤津郡に侵攻し大村家親を有尾城から放逐した。文明八年十一月に東・西軍の諸将らが帰国して応仁の乱は終息し、翌年には西軍の大内政弘も山口に帰国した。その結果、九州では大内派が巻き返した。大内派の千葉胤朝が藤津郡の大村攻めに出たのも、仮に大内勢の帰国をうけてのことであれば、文明九年と考えられる。平井氏を派遣して交渉させたのが千葉胤朝なら、胤朝はなぜ突如として対大村政策を転換して侵攻したのだろう。実は、胤朝の弟の千葉胤盛が兄に造反し、一時は小城の千葉城をも奪って優勢だった。平井氏を派遣したのがこの胤盛だと仮定すれば、胤朝のこの外交の急転換の説明がつく。次の胤盛書状は判断が難しいが、この問題を考える上で重要なので次に挙げる（九月十八日付、渋江薩摩守宛、千葉胤盛書状「小鹿島文書」）。

「北方に就いての事、度々承り候、よって大崎武次宮据其方に対する一筆披見せしめ候、然りと雖も、彼の寄合此方（自称、または自分側の人）において疎《おろそ》か有るべからざるの儀の通り、之に見《まみ》えず候、同じくは此の趣き御料簡（思案・忍耐）肝要に候、猶々（追而書き）彼の在所の事は本知行に候と雖も以後において二つ無く（二心なく）仰せ談ぜらるべきの由に候間、進《すすめ》置き候」（北方の件は何度も承っている。大崎武次・宮据氏の貴殿（渋江氏）への手紙を拝見したが、あの会合はこちらも疎かにするわけにもいかず、会わなかった。同じくこの件は分別・堪忍が要る。なお、「かの在所」のことは、本知行ではあるが、以後は二心なく仰ってお話し頂くとのこと承ったので進めておく）。

大崎・宮据氏は渋江氏の一族で、北方町に拠していた。『北方町史』上巻に天正十二年（一五四八）に北方《きたかた》村が出てくる。「丹邱邑誌」でも「大崎・宮据両村を北方村と云」とする。すると、この「就北方事」とは北方村（佐賀県武雄市北方町）ではないか。しかし、ここで問われているのは追而書（猶々〜）

にある「彼在所」である。筆者は「彼在所」を大草野北方（同塩田町）と解した。理由は次のとおりである。

・書状でたびたび挙がる係争地は、あくまで大草野北方（北大草野村）である。横辺田で千葉氏が与えたのは東部だけで、かたや北方村のある西横辺田では千葉氏や渋江氏、中村氏の領土紛争の話は伝わっておらず、特に北方村に千葉氏が関与していたとの話や史料は寡聞にして聞かない。

・猶々書「雖本知行候」は、永享十一年（一四三九）大村宛案文の「雖御本領候、依此方も由緒候」（大草野北方は大村の本領だが、こちら（中村）にも領有権主張の根拠がある）と重なる。先の書状は千葉胤盛の発給であり、猶々書は「大村氏の本知行ではあるが」の意味だろう。

・宛先の渋江氏は中村・大崎氏の本家で、当主の多くが薩摩守を名乗る。千葉胤盛は明応六年（一四九七）の死去と考えられ、渋江公勢は右馬頭・薩摩守だが、のちの永正年間（一五〇四～一一）である。であれば、先の胤盛書状の「渋江薩摩守」とは先代の公直であろう。渋江公直は時代的にも重なる。

これらから、右の「千葉胤盛書状」の後半は、係争地である大草野北方のことであろう。

少弐派の千葉胤盛は兄の胤朝と一門の家督を争い、一時は小城の千葉城をも奪った。「文明十年以前には胤朝よりも胤盛の方が優勢だったと判断せざるを得ない」（大塚俊司「戦国期における肥前千葉氏の分裂抗争」）。そして平井氏による領土交渉の書状で仮定した文明二～八年（一四七〇～七六）は、胤盛が優勢だった時期とかさなる。右の千葉胤盛書状の後半（猶々書）が係争地の大草野北方についてと解するなら、千葉胤盛こそが交渉による解決の主体だったことになる。このように考えると、千葉胤朝（西軍）が巻き返すなかで、弟の胤盛（東軍）主導の中村・大村氏の領有権合意を胤朝が反故《ほご》にして藤津郡に攻め込んだことがわかる。なお、胤盛名の最古の書状は文明八年（一四七六）で、翌文明九年の「河上社棟札」にも「大宮司千葉介平胤盛」とあり、仮定する平井氏の領有権交渉期間の直後である。

ところで「橘中村文書」では、近隣の国衆（大村胤明・後藤職明・渋江公直）が連署して「藤津郡能古見庄大草野北方の事、諸公事《くじ》（年貢以外の雑税や夫役）勤仕《ごんし》せしめ、知行あるべきの状件の如し」（五月二十二日）と、中村公連に係争地の領有を認めている。大村胤明は系図では大村家親の子で、千葉氏の通字の「胤」がついている。父が放逐された後に千葉氏に従属し、偏諱をうけたと考えられる。中村公連は千葉氏の被官で、かの中村三河守の父である。渋江公直は中村氏の本家で、のち公連に領地を宛行《あてが》った。そして、次代の渋江公勢（公直の後継）と東千葉興常（胤盛の子）も協調関係である。

これらを考え合わせれば、右の「連署宛行状」（「橘中村文書」）で後藤・渋江・大村らが中村公連に大草野北方領有を保障したのは千葉胤盛の政治的交渉による成果と考えることができる。文明十五年（一四八三）五月吉日にこれら後藤職明・渋江公直・大村胤明に伊万里仰も加わって同盟を結んだ（連署契約状「武雄文書」）のも千葉胤朝の攻勢に対抗するためで、右の近隣国衆による領有への保障と近い時期だったと考えられよう。

それでは、なぜ千葉胤盛は家臣の中村氏のため大村氏と交渉したのか。中村胤頼の系統（公連・三河守ほか）は千葉胤盛の子孫である東千葉氏に仕えている。千葉胤朝の下では中村胤明が伯父の中村胤頼を死に追いやって権勢を握っている。そこで敵の千葉胤盛（興常の父）を胤頼の遺族が頼り仕えたとすれば、胤盛がこの領土紛争を解決しようと粘り強く交渉したのも当然だし、千葉胤朝がその成果を無視して交渉相手の大村氏を攻めたことも納得できる。

以上、千葉教胤による藤津郡侵攻が応仁の乱を背景にしたことはすでに知られているが、千葉氏家老の中村氏と藤津郡大村氏の大草野北方を巡る領有権争いも背景にあった。そして千葉教胤や胤朝による侵攻の背景にも、この領有権紛争が影を落としていたと考えられる。

平井氏と須古氏

その後、千葉氏は東西に分裂した。文亀二年（一五〇二）、西千葉氏二代の胤治が晴気城に蜂起すると牛津川以西の国人衆が同心したとし、その中には平井・中村・須古氏の名もある（「鎮西要略」）。これを見ても、平井氏はこの時期にすでに杵島郡にいたと認識されていたのがわかる。

渋江氏は公勢の下で、長年の停滞を脱して全盛期をむかえ、①「橘姓渋江氏由来ノ事」（社家五嬉野天満宮）と②「橘姓渋江由来」（鍋島文庫）には、永正年間（一五〇四～二一）に近隣の国人衆がことごとく公勢に属して、上松浦の波多興信、杵島郡の後藤貞（職）明、藤津郡の原越後守・吉田右馬太夫、白石の白石道勝・多久太良・須古平井が人質を出したとする。特に「白石・多久・須古の人質は男子を出しけり」ともあり、この須古は地名で、須古の平井氏が渋江公勢に従ったということになる。そして、

①嬉野《うれしの》天満宮版と②鍋島文庫版は同内容である。

ところが、③波佐見《はさみ》水天宮文書版の「橘氏渋江家由来の事」では、これを「多久某・須古何某《なにがし》」と記しており、ここの「須古」は名字である。実は、須古姓は一次史料の「岩蔵寺資料」他にも出てくる。「鎮西要略」でも、文亀二年（一五〇二）に杵島郡国人衆に平井氏と須古氏が同時期に登場する。

①には、本来この由来記は他見は許さないが、特別に写しを許したと渋江公増が添書しており、①は写しだとわかる。つまり、③波佐見版のほうが古いことがわかる。戦国時代の白石須古といえば平井氏で、後世の模写の際に須古なら平井氏だという先入観から、①②で「須古平井」と書き換えたのだろう。さらに古い③には、平井が須古にいたとは記されておらず、代わって須古氏が出てくる。素直に考えるなら、もともと須古にいたのは須古氏だろう。平井氏は千葉氏が派遣したにすぎず、その平井氏にまで渋江公勢が人質を求めることはありえない。

大村純伊の家臣が記した「人身売買譚」

流れ公方の足利義尹《よしただ》（義稙《よしたね》）が将軍職に復帰しようとして、鎮西諸将に抗争の停止を呼びかけた。

そのおかげで亡命中の大村純伊も帰国することになり、隅口（杵島郡久間村か）の戦いで千葉勢に勝利して本領の彼杵郡に復帰した。その復帰戦には平井勢も加勢していた。

大村氏家臣の人身売買譚（似田達雄「長岡家先祖代々覚書」『大村史談』十八号）から読み解いていこう。

・中岳の戦い　有馬貴純が彼杵郡皆是（萱瀬《かやぜ》）村に侵攻した。大村純伊が迎撃し、先手の長岡純重が有馬の先手を撃破した。ところが、三陣が裏切って長岡父子五人は戦死し、大村氏は亡命した。

・長岡純重の妻子　長岡純重の妻子は有馬方に捕われ、「方々売り渡され小城の千葉殿屋形に売られ御かかえ成され奉公仕候」とあり、捕虜として売られ千葉屋形に買われた。千葉殿は「銘々の者いかなる者か」と尋ねた。妻は「我々の儀、大村にありては長岡越前と申す者の妻子、今一人は此の子が乳母に御座候。越前の儀は大村の内皆是村と申す所にて親子五人有馬方に懸け負け討死仕り候」と答えた。千葉殿はこれを聞いて「越前の儀はよくよく存じ候えば……下には召使へまじき」者として、その後は純重の妻を側仕として遇した。そして息子は千葉殿の館で成人し、十五歳で千葉殿が烏帽子親となって元服させ、興惣次郎と名を与えた。

・大村純伊の復帰　六年後、大村純伊は渋江公勢の援勢を得て本領の彼杵郡に帰還した。平井も加勢した（「大村家記」）。離散していた旧臣らが再び馳せ参じ、千葉氏も長岡興惣次郎を遣わした。長岡は旧主に謁して屋敷・田地・名（純胤・新左衛門）を拝領した。純胤の名には千葉氏の「胤」と大村氏の「純」と、通字を共に含んでいる。

・中岳合戦の時期　大村氏は六年間、亡命していた。「大村家記」「郷村記」では、中岳合戦を文明六年（一四七四）十二月、復帰は六年後の文明十二年秋とする。千葉胤朝の代である。ところが、「九州治乱記」「鎮西志」「橘姓渋江氏由来」は、みな永正四年（一五〇七）の復帰とする。中岳の戦いは文明六年説への疑義がたびたび指摘されてきた。永正四年復帰が妥当だろう（『新編大村市史』）。

・千葉殿とは誰か　「鎮西志」では、「西千葉氏が大村氏の復帰を阻もうとした」と記し、かたや東千葉氏・平井氏は大村氏復帰を加勢している。そうすると、長岡氏の子を帰国させた「千葉殿」とは東千葉興常ということになる。確かに、興惣次郎にも興の一字が入っており、平井氏と東千葉氏のつながりは当時の情勢に一致する。この時代は大内派の全盛期だった。西千葉氏の衰勢は歴然で、平井氏は杵島郡には地縁も地盤もない。平井氏は四囲の状況をにらみつつ、本国の誰を後ろ盾としたら外地で生き残れるのかを冷静に見極め、千葉胤盛・西千葉胤治・東千葉興常と転々としたのだろう。

永正七・八年（一五一〇、一一）、西千葉胤治・胤繁が相次いで亡くなった。杵島郡も東千葉氏の掌中に帰したのか、大村渋谷猶家の寇掠に対して東千葉喜胤・東尚盛が杵島郡に出兵して撃退し、中村三河守を後藤への押え、平井山城守を大村氏への押えとした。重臣の中村氏は現地の杵島郡が本拠である。平井氏も杵島郡に駐留していたことから命じられたのだろう。この時、須古には岩部常陸介が置かれたと「鎮西要略」にある。この時期の東千葉氏は、須古に出先拠点をかまえるほどの力があった。岩部氏は千葉氏の家老であり、白石郷に楔を打ち込むためか、周辺の動向に危惧を懐《いだ》いていたのか。数年後の永正十二年（一五一五）、有馬勢が藤津郡に攻め込み岩部常陸介は撃破された。大永五年（一五二五）、有馬仙岩は娘を平井氏と縁組みさせて平井経則は有馬方に転向し、共に横辺田で東千葉喜胤を破った（『鎮西要略』）。千葉氏が分裂して代理戦争に現《うつつ》をぬかすなか、平井氏は千葉氏から離反し、杵島・藤津郡は有馬の掌中に帰した。

平井経則が須古城を居城とする

天文年中（一五三二～五五）、白石郷の白石通晴は有馬仙岩から所領を与えられて藤津郡鳥坂村（嬉野市塩田町）に築城し、一族を挙げ妻山城（白石町）から移ったのちに嬉野氏を名乗った。「嬉野系図」はこの移居について、嬉野通久の条に「天文十年（一五四一）春、高来郡有馬城主有馬……仙岩斎（晴純）、肥前一国を併呑せんと欲し、まず兵を杵島郡に進め、白石但馬守（通久か）・平井権大夫・前田志摩守・多久藤左衛門等、各志を有馬に通じて麾下に属し、仙岩斎通久を愛し、藤津郡のうち宇礼志野《うれしの》地方の地を授け、後彼の地に行き鷺城築城これ也」と記している。

かたや平井氏については「古跡咏云　天文年中（一五三二～五五）少弐族平井山城守経是（経則）須古高岳城（須古城）に移居す」（『杵島郡史』）とある。「九州治乱記」も永禄七年（一五六四）の条で「経是（経則）の時に須古城に移り既に三十余年」とし、平井経則は天文初頭に須古城に移ったことになる。

これらの記述は時期的に合致している。この頃には岩部氏ももう須古にはいない。有馬氏による前線の再編で白石氏に代えて一門衆の平井氏に白石郷を与えたことになろう。

以上のように、千葉氏と平井・中村氏との関係、杵島郡が千葉氏の勢力圏だったことを前提に諸史料を読み解くことで、戦国前期の杵島郡に新しい情景が現出する。今までは、小城郡の千葉氏と杵島郡の歴史的事件は別々の事象として語られてきたが、実は表裏一体・相即不離であって、三郡の主である千葉氏や家老の中村氏を語らずに平井氏前史、ひいては杵島郡の戦国前史は解しえないことに気づかされるのである。

第九章　胤朝暗殺で東・西千葉氏に分裂

亡命中の胤将が胤朝を暗殺

松尾弘毅氏によれば、「『朝鮮王朝実録』成宗十年（一四七九）では大内政弘に攻められた少弐頼忠（政資）が逃げ延びた先は『肥前州南要可《よか》（与賀）城』で、そこは千葉殿が所管する地であったと記されている。（中略）つまり十五世紀後期には千葉氏が佐嘉郡まで進出していたことが朝鮮側の資料からも判明する」（「中世肥前における千葉氏支配の成立過程とその実態」）という。

少弐政資は文明十一年（一四七九）には松浦郡相神浦《あいこうのうら》に逃れていた（少弐政資安堵状写「筑紫文書」）が、文明十四年（一四八二）には佐嘉郡の河上社に「神明弘願威力を憑《たの》み、武運長久を励み（大宰府への）帰国安堵」と祈願している。実は「鎮西志」に「文明十四年、少弐政資が渋川・千葉（胤朝）を討たんとして肥前に至り、亡父の旧跡である与賀城を築いた……このとき千葉胤将が少弐政資を迎えもてなし、高木・龍造寺が扶翼し輔けた」とある。亡命していた胤将が十四年たって再び現れ、大宰府から逃れてきた政資を迎接したというのである。この時、すでに政資が千葉追討を考えていたとの件は戦記の筆の先走りかと思いきや、牛尾別当に伝わった「牛尾山流記」（『肥前史談』十二巻二号）には、同年「少弐殿御判来るなり」とある。この十四年には少弐政資の婿の井上資種も大内のために自害しており、そんな窮境にありながらも、少弐政資は小城郡内の牛尾山別当に接近し、千葉領内にクサビを打ったことになる。

四年後の文明十八年（一四八六）四月五日、少弐派の千葉胤盛は実相院に佐嘉郡神野《こうの》・平尾・中河を安堵した（「河上宮古文書写」）。その半年後の十月三日、胤将は兄の胤朝を千葉城に夜襲し殺害した。享年五十一。このとき、胤朝の家臣遠藤盛泰も千葉城で討ち死にした。文明年中（一四六九〜八七）に下向して筑前に来着し、子の盛重の代に千葉氏を頼み小城郡に住していた。また、板谷胤重の子の胤生も「文明十八年夜討」で負傷し、翌年に卒去した。

三谷　佐賀県神埼市

伝千葉胤勝石塔　福岡県那珂川市

千葉胤将はどこに隠れていたのだろうか。「九州治乱記」によれば、胤将は先の敗戦で亡命し、その後は深山幽谷に身を隠して報復の機会を狙っていたという。「小城鍋島文庫系図」に、三谷氏は「千葉氏の分り（れ）」とあり、三谷千代雄「千葉氏の系譜と三谷家の由来」では「千葉胤将の末裔」と記している。同書所収の「三谷系図」の胤将の条には「胤朝一族と散々《さんざん》合戦、敗れて肥筑山林地に隠遁、脊振《せふり》山麓地帯を領し居りしも軍士振るはず、暫次衰運離散」と記されており、千葉胤将は肥前・筑前の山林地に隠遁して脊振山の麓を領したことになる。脊振山の麓とは志波屋《しわや》（佐賀県神埼市）周辺と考えられ、その南には勢福寺城がある。ちなみに「三谷系図」によれば、孫の代に神埼郡仁比山三谷《みたに》集落に落ちつき、ひ孫が三谷姓を号したという。なお、小城鍋島文庫ではミヤとルビをふる。三谷は麓の志波屋から入った山間にあり、棚田で知られ景観が美しい。千葉姓や三谷姓を記憶する人には会えなかったが、平氏が逃れ来て住したと伯母から聞いたという方はいた。なお、三谷氏の菩提寺は臨済宗精金寺で、家紋は違い中陰菱紋である。

ところで、「筑前国続風土記」（一七〇九）には「南林寺……其うしろの高き処に探題千葉氏の墓あり」とし、百年後の「拾遺」上巻には「千葉探題の墓なるべし、千葉胤勝の墳か」と記されている。これは福岡県那珂川市市ノ瀬の山中だが、筆者はむしろ客死した千葉胤将の墓ではないかと考えている。なお、その左には伝渋川万寿丸の墓がある。

西千葉氏（少弐千葉氏）の成立

さて、暗殺後の様子については「九州治乱記」に、「突然主君を失った家人《けにん》らは茫然自失とし途方にくれた」「千葉本家は絶えようとしていた。少弐政資は小城郡の千葉介胤朝が討たれたと知って、次郎胤将一派を誅伐しようとした。ところが、胤将や一味は早々に逃亡した。少弐方は一味の神埼庄の成松宮内少輔章数に討手を派遣し、成松は剛勇で散々戦ったが多勢に囲まれ、多く傷をうけて櫛田宮に逃れ腹を切った。その後、胤将の与党も散々になり、政情は静謐となった」と詳述されている。

この胤朝の死により、千葉氏は少弐政資の弟胤資《たねすけ》を迎えてその跡を嗣がせた。より分かりやすいのは「九州治乱記」で、「千葉胤朝には娘があった。のち法名を尼日光《にっこう》といった。少弐政資は千葉氏の断絶を嘆き、十二月三日に弟を肥前小城に送り込み、千葉胤朝の家督の娘と結婚させて千葉肥前守胤資と名乗らせ、千葉胤朝の名跡を継がせた」のである。この胤資が「西千葉」氏の初代となる。当時、胤資は十三歳であった。

窮地の千葉氏を心配して少弐政資が尽力したかのように「九州治乱記」は記している。ところが、「牛尾山流記」によれば、胤朝暗殺の翌年に「長享元年（一四八七）、千葉の嫡家旡《つきる》の間、別当琳澄口入《りんちょうこうじゅ》（口添え、仲立ち）にて少弐氏より（少弐胤資が）千葉の家を次く（継ぐ）。少弐家千葉家皆師□（旅?）之間の故也」とある。少弐政資自身は暗殺犯の胤将一派を討つと称して軍勢を動かし、一方では牛尾別当が千葉氏との間をとりもち、少弐政資の弟が婿名跡をとって千葉一門の惣領となることを受け入れさせた。かくして胤朝の家督の娘、のちの尼日光は少弐胤資を婿としたのである。

既述のように、少弐政資は千葉胤朝（大内派）の宿敵で、胤朝の死は願ってもない好機だった。弟が婿入りして千葉氏の惣領となり（西千葉胤資）、少弐政資は千葉氏を独立国衆から少弐傘下の一門衆とした。のちの東千葉氏遺臣の平田氏の口吻を借りるならば、「少弐千葉」である。

成松章数の殺害・持永秋景の所領没収

「成松系図」（複）によれば、成松章数の条に「文明十一年於櫛田宮（佐賀県神埼市）討死」や「文明八年冬少弐資政大内と神埼に□戦、少弐敗軍し櫛田宮に入り自殺」とあり、年号も違い、後者では少弐方とする。しかも千葉胤将はもともと少弐政資に後援され、隠棲した脊振山の麓は東肥前で、少弐氏の勢力圏である。胤将党の成松を少弐政資が討伐したとの記述は鵜呑みにはできない。実はこの胤朝暗殺で、被官の持永秋景も領地をことごとく没収されている。秋景の条には「文明十八年千葉家の正嫡及断絶家督錯乱ノ時今川領地百町悉没収」（「持永系図」鍋島文庫）とある。当時の政情から、少弐政資が軍勢を動かしたのはむしろ千葉氏への圧力、家中の反少弐派の掃討のためと解される。

ちなみに、秋景の条の末尾には「天文十八年（一五四九）七月廿二日牟田落城、城兵不残《のこらず》戦死」とある。ところが、これは胤朝暗殺から六十数年後で、すでに孫の盛秀の代である。この牟田（持永）城失陥を祖父の秋景の条に記すのは強烈な違和感がある。天文十八年の兵乱も寡聞にしてこれを聞かない。文明十八年に持永氏は領土をことごとく没収されたと同系図にはあり、落城・城兵の全滅とも文明十八年十月と解釈すれば、「文明十八年十月三日、千葉胤朝の殺害。二十二日持永（牟田）城落城と全滅。同年持永領の百町ことごとく没収。のち二十四町返還」と、すべてがつながる。解釈の当否は諸賢の判断に委ねたい。

俯瞰すると、胤朝暗殺を裏で暗躍していたのは宿敵の少弐政資ではなかったか。胤朝の暗殺で最も利益をうけたのが少弐政資なのは間違いない。いみじくも「太宰少弐庶流古賀氏系図」では、政資を次のように評する。「その性は凶悪で……朝夕に凶虐をなす」（『少弐氏と宗氏』一号）。

胤盛、大内陣営に身を投じる

ちなみに、「鎮西要略」は次のように記している。文明十八年の胤朝暗殺の後、「胤盛、大内氏を頼む」。千葉胤盛は、自らが千葉氏の惣領たるべく、少弐陣営に属して兄の胤朝と戦ってきた。胤朝が大内陣営だったからである。いま、その兄が兄弟の胤将に殺害され、なのに少弐政資は自身の弟に千葉氏を継がせた。政資は千葉家中での親少弐派擁立策から、乗っ取り（一門衆化）へと方針を転換したのであり、千葉胤盛や胤将は捨て石にすぎなかった。千葉胤盛は、ここで宿敵であった大内氏に身を投じた。「大村千葉（飯笹）系図」でも、胤盛の条に「文明年中大内党ト成ル」とある。

この胤盛の子が東千葉興常である。「九州治乱記」では「胤盛は兄（胤朝）よりいと早く死去しぬ」

とし、「若年の興常を家人（家来）らが撫育し胤棟と号して大内義興を頼った。義興はこれに加冠し、偏諱を与えて興常と改名させ、小城郡の赤自城（赤司《あかぜ》）においた」とする。しかし、発給文書から見ても胤盛は胤朝の死後にも活動している。周防寄留を示す一次史料は、見出すことができなかった。

なお、「大村千葉（飯笹）系図」では胤盛の条に「佐嘉郡川上に戦フ、軍不利筑前に走ル」とあり筑前への亡命が記されている。諸家系図の「千葉系図」には、興常の条に「頼大内家義興加冠号興常、住于市川《いちかわ》初住于赤自城」とあり、市川は今の佐賀県富士町で小城郡北部の山中にして筑前に隣し、小城をうかがうには格好の地である。赤司に拠したとすれば、それは大内勢の小城侵攻に際してであろう。千葉氏は混乱した。延徳三年（一四九一）には胤盛が大内政弘をたのみ、胤資・胤将が小城郡で胤盛と戦ったという。大内派の胤盛、少弐派の胤将・胤資という構図である。明応元年（一四九二）、千葉胤盛は千葉胤将を攻め落として西千葉胤資と和平したという。胤将は「軍士振るはず暫次衰退」し、そのまま姿を消した。

西千葉胤資と少弐政資の再伸長

西千葉胤資には次のような記録がある。「延徳三年、九州探題千葉胤資、小城・佐嘉両郡を領し……終小城居城の邊〆三社の請有り。梅野（大和町梅野に天満宮あり）・平方・砥川《とがわ》聖廟是也、鮎川氏〆社職任、其孫（子孫）今尚存」（『社家九　蠣久天満宮』）。胤資は佐嘉・小城郡を支配し、蠣久《かきひさ》天満宮（佐賀市）のある佐嘉郡鍋島や小城郡砥川もその勢力下にあった。鍋島氏の故地である蠣久は新庄の近くにあり、嘉瀬川の舟運で繁盛し「古は入江にて船の泊りにて侍りける」（「肥前古跡縁起」）。

西千葉胤資と胤盛（大内派）の和平を受け、明応二年（一四九三）、少弐政資は下松浦の逆党追討のため松浦方面に発向し、西千葉胤資・高木・龍造寺康家・於保らがつき従った。高木や龍造寺氏は文明十四年（一四八二）に政資の下に馳せ参じている。西千葉胤資は、松浦攻めのため河上社に祈禱を依頼した。「松浦弓矢に就て……此の弓矢過半案中《あんじゅう》（計画どおり）に候条本望に候」（「河上神社文書」）という。

明応三年（一四九四）、松浦・波多・鶴田氏らが降伏した。夏四月、少弐・西千葉・龍造寺・高木勢ほかは青山城を落とし、上松浦を平定した。この城攻めで川副の南里有高も戦功を挙げたが、少弐麾下では江頭範宗が負傷して十一月に戦死した。この東肥前の江頭氏は、御家人工藤氏の末裔で豊前から来住し、明応元年から政資に仕えていた（三木瓜紋）。今川に仕えていた佐嘉・小城郡の江頭氏とは別系である。のち子孫は小田政光に仕えた。

少弐政資が再伸長し、小城郡掌握後に松浦地方に触手を伸ばしたことに危機感を持ったのか。大内が博多を脅かして政資は平戸松浦氏を攻略できなくなった。そこで政資は、島原半島の有馬貴純に下松浦の平戸を攻略させた。明応三年六月一日の「河上社棟札」に大宮司は千葉胤資、奉行は尼寺氏と於保氏、平均《へいきん》の課役《かやく》とある。この時期に胤盛の活動を示す記事はない。少弐政資は復活を遂げ、兄の勢威を背景に西千葉胤資も一国平均役で国中から段銭を集め、本殿を造営している。

胤資、徳島氏に所領を与える

ところで、この年三月四日、西千葉胤資は徳島治部大輔に南の芦刈に所領を与えている。「長門兵衛云々《うんぬん》旧領小城郡芦刈のうち百拾四町の事、好《よしみ》有るを以て之を進《まいら》せ置き候、知行相違有るべからざるの状件《くだん》の如し」（「平胤資分地状写」「徳島家旧記」）とある。宛所の「徳島治部大輔」とは、元の千葉義胤である。千葉教胤の叔父胤氏の子で、芦刈に来住して徳島と号した。その際、土地の者に「ここは何と申すか」と問うたところ「徳島と申します」と答えた。これ以来、「徳島」を号した（「徳島家旧記」）とあり、これは徳島義胤は現小城市芦刈町のうち徳島（小字とは別に口承地名の徳島がある。初期居館の蝮森城＜浜中館＞本丸趾か）のある浜中村をすでに領有し、加えて芦刈村にも宛行《あてがい》をうけたということだろうか。

ちなみに、この宛行状には、ことさら「好《よしみ》有るを以て」と記していて徳島氏に気を遣《つか》っている。西千葉胤資は少弐出身で、血脈上は徳島（千葉）義胤の系統が最盛期の千葉胤鎮の血を引く唯一直系の子孫であった。千葉胤盛は大内陣営に健在で、外来の西千葉胤資としては譜代被官らの去就・動向は気がかりである。その離反を招かないためにも、嫡家（本来の嫡流家）は懐柔しておきたい。しかし、そこで与えたのが平野北部の条里制下の田地ではなく、農耕水に事欠く南部で、そこに葛藤と打算、警戒が見え隠れしている。

第二部

東千葉・西千葉氏の抗争

川上古戦場遠景　佐賀県武雄市

第一章　西千葉胤資と東千葉興常

少弐陣営による攻撃

明応二年（一四九三）、管領の細川政元が幕府でクーデターを起こし、足利義高（のち義澄）を新将軍に据えた。いわゆる明応の政変である。十代将軍義材《よしき》（のち義尹・義稙。以下、義稙とする）は越前に亡命、大内義興、大友、島津氏を懐柔して上洛しようとし、帰国予定の遣明船《けんみんせん》の権利を与えて懐柔しようとした。そこで細川政元は新将軍を擁して大友・少弐とむすび、大内氏や前将軍を封じ込めようとした。この頃の少弐政資は上下松浦《まつら》の国衆らを制し、明応四年（一四九五）一月には京都に朝し、子のために新将軍から一字を拝領して高経《たかつね》と名のらせ、高経は太宰少弐にも補任されたという。

さて、東千葉興常は実相院座主に書状を送った。「大内方下向既に近日の由に候間、下国においては、肥前国之体相替はるべく候、然者《しからば》本意に任すべく候」（八月二十七日付「千葉興常書状」「実相院文書」）と書かれ、大内の侵攻で近く肥前の体制は替わるだろうとある。内容的には明応五年だろうか。この年、少弐政資が東尚盛《ひさもり》と筑紫氏をして肥前松浦を討伐させた（「馬廻御判物」）という。いずれにせよ、「政資は明応五年十一月頃から筑前国への侵攻を本格化させた。時期的に見て大友政親の動きと連動したものであろう。そして政資も、やはり管領細川政元と連絡をとっていたと思われる」（藤井崇『大内義興』）という。

明応五年（一四九六）秋冬、九州の大内方は急を告げ本国に救援を乞うた。そして同年十一月下旬から筑前は錯乱し、十二月後半から翌年三月中旬には「太宰少弐政資已下凶徒」らが筑前怡土《いと》郡（福岡県糸島市）の高祖城を包囲して昼夜間断なく攻撃した（「王丸文書」）。そして先の「馬廻御判物」の続きには「（大内勢の）筑前入国の儀に就いて泰く申談じ度く候と雖も、貞国渡海候はては調い難く候、此の時急度《きっと》御渡海候様を成られ候はば国家の大慶為る可く候、頼み入り候」とある。ここで注目すべきは「様」の字で、「永」が入った「様」の字は最大の敬意を示している。政資は宗貞国に援勢を懇願したのである。

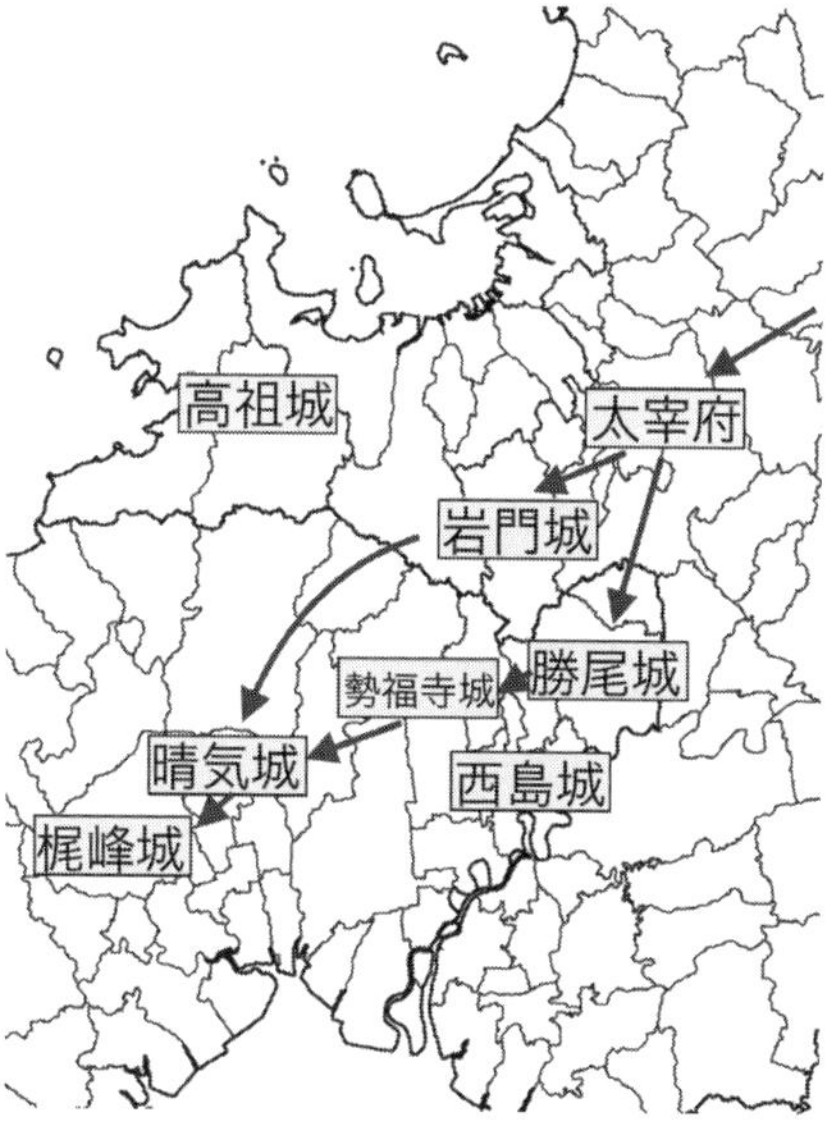

大内氏の侵攻関係図

大内勢の九州侵攻

明応六年（一四九七）一月十一日、大内介義興は五万の兵を発して筑前に攻め込んだ。少弐政資・高経父子は宗氏の援勢もなく、二手にわかれ大宰府を出て、政資は山中の岩門《いわと》城（福岡県那珂川市）、高経は肥前の勝尾《かつのお》城（佐賀県鳥栖市）に入った。大内方は杉氏らの二万が岩門城、陶氏らの二万が勝尾城に向かった。この本格的侵攻から約十日後の一月二十三日、千葉胤盛は「天下泰平・殊に当家繁盛・武運長久の抽《ぬきん》じらるべく祈禱」のため、肥前国鎮守河上社に安堵状を発給した（「河上神社文書」）。最後の胤盛書状である。

かたや少弐政資も、三月二十八日に河上社に神埼郡の土地を寄進し、「武運長久・弓箭堅固にして士卒成勇・人民帰復し、一時に勝利を得、敵を四方に退く」よう祈願した。「鎮西志」によれば明応六年（一四九七）三月、岩門城で子の頼経が討ち死にし、政資は山を越えて肥前の小城に逃れた。かたや勝尾城では、一族が裏切って城内が混乱し、高経は勢福寺城（佐賀県神埼市）に逃れ、弟の資元は西島城に入り横岳資貞を頼った。「九州治乱記」は、勝尾城で筑紫満門・東尚頼（尚盛）が多くの兵を失い、大内方に降参したと記している。この筑紫・東が大内氏の先勢となって勢福寺城を攻めたてた。勢福寺城は大軍に囲まれ四月三日、遊偵間諜の離間工作によって城宰の江上興種が大内方に通じて落城し、新少弐高経は抗戦むなしく脱出して小城の西千葉胤資の許に逃れた。

晴気城の攻防と胤資の討ち死に

勢福寺城の陥落で、戦いの次の焦点は小城攻略に移った。四月三日、大内義興の書状には「仍《よって》少弐政資已下（以下）、小城に落ち集まり候間、諸勢差遣わし候」（「益田家文書」）とあって、政資らが落ち延びて小城で再集結しており軍勢を差し向けたと記している。年不詳だが、同日付で大内方の千葉興常も勝利は目前だと書状に認《したた》めている。父胤盛の宿願であった千葉氏の惣領となる日が、ついに現実のものになりつつあった。一週間後の四月十日付の「岩部常近田地寄進状写」では、岩部平兵衛尉平常近が「今度弓矢御祈禱として、田数三町、本庄内寄進奉る」と戦勝祈願を依頼した（「河上宮古文書写」）。岩部常近も筑紫満門・東尚盛のように大内・興常方に転じたのであろう。

千葉胤盛の最後の書状は、明応六年正月二十三日付であった。かたや東千葉興常の最も古い書状は同年三月二十七日付である。真偽こそ不明だが、「鎮西要略」では四月に興常が大内氏に属して肥前国司を称したとある。論功行賞で大内氏が興常を肥前守護代にしたとあるのは四月二十一日。この三ヶ月間に興常が家督を相続したのだろう。胤紹系は実際にはすでに長く分立していたが、いわゆる東西千葉氏が成立したのは、この明応六年となろう。

大内義興は肥前の国衆らを率いて少弐父子を追討し、小城に至った。先陣は東尚盛・筑紫満門らである。政資が逃げ込んだ晴気城を包囲し、昼夜迫攻して四月十三日から十八日に至り、死傷者は数えきれなかった。攻め手について「鎮西要略」は東千葉興常の家臣が先登りしたと記し、「九州治乱記」では、これを中村三河守とする。大内の軍勢に東千葉介興常が馳せ加わり、十三日、晴気城に押し寄せた。先陣は興常の麾下の中村三河守で、鬨《とき》の声をあげて夜昼五、六日、息をも継がず攻め戦った。そして、城内の中村氏が叛いて敵の大内方に通じたとし、「鎮西志」でも西千葉方の中村宮内少輔が敵に通じたという。この晴気城の攻防でも中村氏が際立つが、一次史料で中村三河守の存在が裏付けられるのは、あくまで永正年間（一五〇四〜一二）である。

城兵ことごとく敗れ、十八日、城主の西千葉胤資は兄の少弐政資に多久（佐賀県多久市）に逃れるよう勧めた。多久宗時の娘が政資の側室だったからである。政資は城を脱出し、山づたいに多久へと微行し遁れた。

大内勢は、しきりに晴気城を攻めた。「明応六年九州御進発の時、（益田）宗兼出張仕……於肥前小城御陣も致粉骨候」（「益田家文書」）といい、また、西千葉胤資は兄を落ち延びさせ自ら突出して敵に当たり力戦して討ち死にした（「鎮西要略」）という。「鎮西志」では、力戦して敵を郭（曲輪）外に撃退し、従容として死を選んだとする。十八日になって晴気城は落城した。晴気城は「全体規模こそ千葉城の半分にも満たないが、各曲輪の平坦化造成は徹底し、切岸も明瞭で曲輪法面も高く急峻に仕上げるなど、普請技術は佐賀地方の山城の中でも高度な部類に属する」（『佐賀県中近世城館』）という。発掘調査でも、十五世紀末から十六世紀初頭に造られたと思われる石積が堀切で検出されており、防御の強化が意図されたと考えられるという（『千葉氏関連遺跡について』）。

西千葉の滅亡と家臣たちの最期

大内義興は少弐・西千葉兄弟を滅ぼし、肥筑は静謐になった。多くの系図にはこの落城譚が記されており、その衝撃のほどがうかがえる。以下に、その家臣たちの最期を列挙しておこう。

・遠藤盛重（盛泰の子）「千葉ノ家を頼肥前国小城郡居住。明応六年（一四九七）四月十九日晴気戦に出る。胤資依討死山田に引籠住す」
・豆田堯義「明応六年於小城晴気討死廿五才」。叔父友政も共に討ち死にした。
・矢作伯耆守「為千葉胤資於晴気討死」
・板谷源左衛門胤重（胤生の子）「晴気軍（戦）討死」。祖父と同名である（「板谷系図」）。
・森田　兼「明応六年大内於小城詰陣四月十三日より同十九日暁落城。千葉胤資討死　幷《ならびに》　少弐政資御子息兄弟討死。此時属西千葉、（森田）父子討死」
・森山胤房「於晴気胤資御供」（「平朝臣千葉一族森山系図」）
・野中和泉守胤廣「明応六年晴気城没落の後市之川蟄居」（「野中系図」『富士町史』）。先祖の千葉（野中）胤継は千葉一族で、仁治三年（一二四二）、千葉時胤の代官として千葉領晴気保に下り、代々富士町の市川村内を領していた。
・堀江匡基「自文明五年明応六年迄千葉介胤朝・同胤繁之有下文以小城郡三ヶ月郷の内久元ヶ里・同郡平吉郷の内芦刈・同郡北郷并友田・藤折ノ内諸所領之」（「水尾小十郎系図」）
・桃川隼人佐定「明応・永正年間小城市ノ川住居、依在名（在所の地名）苗字市川ト改む」
・市川　重「市川左衛門尉初源四郎勇士ナリ自ラ名字改号市川左衛門尉定之従是二字ノ実名を用ユ小城市ノ（川）住」（徳永系）。明応・永正年間の戦乱をさけて市川に移居したのか。

・井上経種　「母少弐政資女、父（資種、文明十四年）死去後頼少弐政資。明応六年廿六才赴肥前国神埼郡倉戸ノ人頼行則彼処来住後遁世」「仕少弐冬尚、永禄二年（討ち死にか）」

少弐政資の死と家臣たち

少弐政資は多久（佐賀県多久市）をめざして脱出した。明応六年四月「去十八日暁寅剋（刻）、太宰少弐政資以下、肥前国小城の城より没落の時、詰口において敵一人討ち捕り頸《くび》到来、尤も神妙」（「大内義興感状」仁保左近将監宛「三浦家文書」『大日本古文書一四』）、寅の刻、午前四時の脱出であった。

一方、子息の少弐高経は勢福寺城を出て広滝山で自害したというが、「九州治乱記」はそれを明確に否定し、高経は杠氏と主従四人で晴気城に逃れ、北の石台越《しゃくたいごえ》（石体越）をぬけ市ノ川まで落ちのびて自害したとする。市川には少弐高経の宝篋印塔が現存し、西福寺では位牌の裏に政資の舎弟とある（『富士町史』）。晴気城の落城で所領の市川に逃れた野中胤廣が建立した御居拝処（位牌所）の後身が西福寺であった。

大内勢は少弐政資を多久に逐った。そして梶峰城の多久宗時は変節し、政資に自害を勧めたという。十九日、少弐中興の祖政資は多久城下の時宗《じしゅう》専称寺で自害した。行年五十七（「少弐氏歴世次第書」「光浄寺文書」）。少弐氏は臨済宗だが、政資はそのままこの寺に祀られた。大内勢の侵攻に際し「国家の儀につき数ヶ度懇望の旨に候と雖も貞国承認なし」（「馬廻御判物帳」）とあって、少弐の頼みの綱であった宗貞国は動かなかった。宗氏の離反が少弐・西千葉氏滅亡の遠因となった。

ところで、興味ぶかいことに旧川上村佐保に拠った少弐政資の家臣・兵藤正直は、明応六年（一四九七）に多久の梶峰城で戦死したという（『大和町史』）。政資は自害なのに、なぜ殉死ではなく戦死なのか。実に不思議なことで、政資が自害を強要され家臣らは抵抗して討ち死にしたという所伝でもあったのだろうか。そんな目で史料をめくっていると、少弐政資と共に多久で討ち死にしたと思われる記述がほかにもあった。

・秀嶋家次「少弐政資に仕て……明応六年、大内義興多勢を以て筑前に打入り、政資防戦し難く軍不利、肥前に来たり。晴気の城に居り候処、中国勢続いて責め来たり、城主胤資討死諸軍敗北仕り候。此の節、家次、所々において防戦仕り、数ヶ所疵を蒙りながら、政資を補佐し多久梶峯城に罷り越し候処、同年四月十九日、多久氏心替りに付、少弐政資自害す。家次力戦討死仕り候」（「秀嶋源兵衛先祖戦功書」「佐賀藩諸家差出戦功書」）

・東肥前の江頭範昭「明応六年四月十九日少弐政資同於肥前松浦而討死三十三才」（「江頭之譜系」）

・吉田景宗「明応六年四月十八日於多久」（「鍋嶋之系図藤原系」）

・藤山（江上）資種「明応六年四月……多久……宗時亦叛心有り、政資……十九日多久専称寺に自尽、資種褰疼（疵か）而多久氏と合戦数回、終に討死すと」（「藤山種愛系図」）

・藤織経利「明応六年戦死、屋形政資公多久城において敗戦切腹の時也」（「下村系図」藤原姓）。「藤龍家譜」では、少弐政資の与賀城入城の夜に龍造寺氏が藤折氏と共に警護したとあり、父の武藤資充は戦功で政資に小城郡藤織の地頭職を与えられ藤織と号した。

興常が大内氏より肥前守護代に補任

東千葉興常は千葉氏の惣領となり、大内氏から肥前守護代に補任され、その中頃には千葉城に拠した。東尚盛は小城・多久においてよく功があり（「鎮西要略」）、西千葉胤資の身跡を賜ってその封疆《ほうきょう》（封境。領界・領土の境）を守った（「鎮西志」）。西千葉胤資の采地は尚盛に与えられたという（「鎮西要略」）。「九州治乱記」では、西千葉胤資の旧領佐嘉郡の内を与えられたとする。そして大内方の馬渡義者・武富俊則兄弟は、明応十年（一五〇一）二月四日に東尚盛から加冠を受けたとある。馬渡氏俊までは松浦に住し、子の義者の代に弟俊則と佐嘉郡に来住していた。

岩部平兵衛常近は「明応六年佐賀郡代」（「岩部氏系図」）とあり、同六年卯月（四月）十日付の「岩部常近田地寄進状写」（「河上宮古文書写」三九）の端書にも「佐賀郡郡代書進之状」とある。

筑紫満門は「鎮西志」に「東肥前の藩鎮となる」「筑前・肥前のうちに六郡を領していた」と記す。「九州治乱記」では、その後、大内介、満門の軍忠を賞し、筑前の那珂《なか》・三笠・早良《さわら》、肥前の基肆《きい》・養父《やぶ》・神埼などの各地を与え、三根《みね》・神埼郡を鎮させた。満門は大身となり、少弐氏の全盛の時と同様であったという。また、筑紫満門をもって神埼・三根郡を治めさせたという（「鎮西要略」）。満門の勢力範囲はいまだ決着を見ていない（『鳥栖市誌』）。明応八年の「河上神社棟札」では満門を「郡代」と記しており、佐嘉郡代になったという解釈もできるが、それについては筆者は否定的である。

大内氏の武将の杉氏は太宰少弐として大宰府に、陶氏は博多におかれた。戦国の勝屋《かつや》勝一軒《しょういっけん》は杉氏の子孫である。また、高祖城（福岡県糸島市）の原田興種は筑前守護代（監代）になったという。

かくして大内派が筑前・肥前を完全に制圧し、大内義興は周防国山口に凱旋した。七月二十六日、大内義興は「去る正月以来御出陣、殊に筑前・肥前両国中において摧きて候、太宰少弐政資以下の凶徒、不日遂に対治（退治）候、誠に祝着に候」（「益田家文書」）と書き送った。

少弐政資・西千葉胤資の兄弟の下で千葉氏は少弐の一門衆（少弐千葉）となり、衛星国的な立場になった。その西千葉氏が滅んで東千葉介興常は念願の一門家督を奪い、大内氏から肥前守護代に補任されて公権をも掌握し、その威勢は絶頂期を迎えた観がある。ちなみに、小城町光勝寺には千葉氏の位牌があり当主が列挙されている。初代胤泰、2胤基、3胤紹、4胤鎮、7胤朝、8胤盛、9〈東千葉氏〉常、10喜胤、11胤頼、12胤誠、13〈西千葉氏〉胤資、14胤治、15胤繁……の順である。順番的には明らかに東千葉氏を正統視している（「光勝寺宝物目録」）。

興常は四十一年間も文書を発給しており、その数は多く佐嘉・杵島・藤津郡にも及ぶ。しかし、大内氏が東千葉興常に西千葉胤資領を与えたとの記述はない。東尚盛が西千葉胤資の遺領を与えられたとあることに着目すると、少なくともその遺領すべてを東千葉興常が吸収できたわけではない。

この頃の東千葉氏は、筑紫氏や東氏とともに大内氏傘下の一国衆である。しかも胤朝の暗殺以降、千葉氏の当主は少弐や大内の衛星国の首長にすぎず、もはやかつての独立した国衆ではない。千葉氏の相対的な地位は盛期の三代と比べ明らかに低下し、支配領域も狭くなっている。東千葉興常の勢力が最大となるのは、東尚盛の死後、西千葉胤勝がその宗主権に復した時期であろう。

第二章　西千葉胤治・胤繁・尼日光

胤治・胤繁と尼日光の逃避行

西千葉胤資は、明応六年（一四九七）四月十九日に大内勢のため晴気城にて討ち死にした。二十四歳であった（「平朝臣徳嶋系図」）。このとき遺された胤治は十二歳、胤繁は四歳。未亡人は胤治らを連れて亡命した。この未亡人は千葉胤朝の「家督の娘」で、少弐（西千葉氏）胤資を婿とし、出家して尼日光明胤と名乗った。胤繁は尼日光の養子とされ、夫の討ち死に後に養子としたのだろう。胤治・胤繁の時代に西千葉氏は亡命と復帰を繰り返していたが、注目されてこなかった。とくに胤治は胤資の子では説明できない多くの矛盾があった。本章では、胤治＝胤朝実子との記述（「千葉大系図」）に基づいて概述するが、詳細は次章を参照していただきたい。

筑前への第一次亡命―明応六年～七年

この時期、筑紫満門は小城郡に発向して西千葉残党を、また、佐嘉・神埼郡に発向して少弐残党を討伐した。西千葉残党は此処かしこに逃れ潜伏した（「九州治乱記」）。

胤治は胤繁より八歳年長の十二歳だが、発給文書は幼い養子の胤繁（四歳）の名である。未亡人の

西千葉胤治の蜂起関係地図　国土地理院地図に加筆

尼日光明胤は胤朝の「家督の女」（娘）であり、十分な権威があった尼日光が当主を代行して家政をにぎり、胤繁の名で文書発給していたと解すべきであろう。

小城への第一次復帰―明応七年

明応七年（一四九八）二月、尼日光ら西千葉氏の残党は小城郡に復帰した。胤資の討ち死に後に十ヶ月間潜伏していたが、大内勢が豊後を攻めて大友政親に敗退したのに乗じ、本領の小城に帰還したのである。肥前・筑前の大内派はこの報を聞いて協議し、筑紫満門・東尚盛が小城へ向かった。

西千葉胤繁は小城から下佐嘉の川副に逃れ、龍造寺胤家・光益氏・太田氏・渋谷氏・南里有加・鹿江氏・石井尾張守らと共に抗戦した。胤繁が龍造寺に救援を乞うたというが、胤繁は当時まだ五歳で、ここは尼日光とするのが妥当だろう。西千葉氏は川副太田村（佐賀市）に退却し、龍造寺胤家が重臣木塚尾張守・成富刑部らの一門一千騎をもって太田に救援に駆けつけたとある（『佐賀市史』「胎慶録」）。

西千葉勢が優勢だったが、遅れて東千葉興常の五百余騎が来着して横撃、明応七年二月二十二日、筑紫満門・東尚盛と共に西千葉氏の残党を撃破した。西千葉氏は多勢に抗しきれず散々《ちりぢり》になって敗走、尼日光らは龍造寺胤家と筑前に落ちのびて山中に隠れ住み、肥前は静謐となった。

「鎮西要略」では川上に逃れて戦ったとするが、諸将の顔ぶれからは川副であろう。川副で敗れた西千葉氏は劣勢となり、川上村に至り諸軍を集結したが、少勢にしてわずかに高木能登守・久池井長門守らの来援はあったが、衆寡敵せずやむなく亡命したという（「胎慶録」）。

敗れた尼日光ら西千葉残党は、筑前の山中に隠れ潜んだ。共に亡命した龍造寺胤家は別に外祖父小鳥居信元の大宰府の屋敷に寄寓したという。が、胤家には「千葉に属し筑前国比伊郷に赴き在城」（龍造寺系図）、早良郡比伊郷に亡命したとの異聞もある。この龍造寺胤家は康家の長男で西千葉胤治に属す（「鎮西要略」）とある。父の康家は西千葉胤資の松浦攻めにも従軍している。

筑前への第二次亡命―明応七・八年〜文亀二年

明応七年、亡命中の少弐資元は三根郡を出て大友政親と会盟し、その婿となった。資元はこのとき十一歳で、筑後に進出していた大友氏の後援を得たのである。一族の横岳資貞が資元を西島城に迎えて隠し育てた。そして七月に資元は挙兵して勢福寺城を攻め、裏切者の江上興種を討ち取り、弟の江上元種を帰服させている。（「鎮西要略」では、婿入りと東・筑紫の西千葉残党の放逐を共に翌年とする）。

このように西千葉氏・少弐氏が東西で蜂起する中、明応七年九月、筑紫満門は河上社に願文を出した（「河上神社文書」）。そこには「当社大明神……今は異国成罸（征伐）軍神と為りここに垂迹《すいじゃく》し、故に帰依仁者……衆怨退散……千里の外に勝を得る者也。然れば則ち今度東西仇敵の摧滅《さいめつ》（敵を打ち砕き滅ぼす）の事、何の疑あらん哉」とある。少弐や西千葉氏の残党が蜂起するなか、満門は東西仇敵を滅ぼす事を祈願したのである。

同月二十三日、大内義興は書状に「今度探題綾部館において御在城難儀……去月廿七日基肄・養父両郡に至り、当日凶徒ら追討し候、仍則ち彼の御運開かれ候、また彼等三根郡に至り落集、中野に究竟の要害を構え楯籠り候、是又去る十七日即時責め落とし……尤も祝着の至り」（「三浦家文書」）と記しており、どうやらこの少弐の挙兵は失敗に終わったのだろう。翌八年十一月、満門は河上神社の修復にあずかり、棟札には大宮司千葉法師丸・郡代筑紫満門とある。法師丸とは、東千葉氏の一族であろう。

小城への第二次復帰―文亀二年～永正三年

西千葉氏の第二次復帰には、文亀二年（一五〇二）と永正二年（一五〇五）の二説がある。

①文亀二年復帰説　文亀二年、西千葉胤治（十七歳）は小城郡に蜂起して晴気城を修復し、牛津川以西の多久氏・平井経則・後藤氏・中村氏・須古氏・白石氏・大町氏・井元氏・前田氏・田中氏などの

旧好の徒が同心した。「鎮西志」は、これを多久宗時・平井経則・横辺田の衆とする。「鎮西要略」では、文亀二年「前田氏、千葉胤治に属す」ともある。西千葉氏が杵島郡を勢力圏としていたことがうかがえる。文亀二年説では、ここで少弐資元も東肥前で挙兵したとするが、西千葉氏と相呼応したのか。筑後に進出していた大友氏の後援を得、東肥前の馬場氏・横岳氏・小田氏・宗氏らが探題の渋川尹繁を筑後に放逐し、少弐氏は勢福寺城に入った。「九州治乱記」にはこの放逐で西千葉胤繁（九歳）が助力したとする。ただし、これ以後の少弐氏は東肥前の一地方勢力にすぎなくなった。

文亀四年（一五〇四）三月の「河上社棟札」には「守護所少弐資元、大宮司千葉胤繁」と記されている。文亀四年は二月三十日に永正へ改元されており、江戸時代の「河上社差出」には「胤繁　千葉介　永正元年甲子八月　川上大明神大宮司となる」とある。文亀二年の西千葉氏の復帰と少弐再興により、西千葉氏が河上社大宮司となったのだろう。注目すべきは、大宮司となったのが十九歳の胤治ではなく、養子で十一歳の胤繁という点である。これは実権をにぎる尼日光が底意を持ち、あえて弟ではなく養子胤繁を立てていたのだろう。筆者は、西千葉氏・少弐氏ともに文亀二年復帰説である。

②永正二年復帰説　永正二年（一五〇五）、「千葉胤繁が再び小城に帰入し」（「南里系図」南里有如の条）、小城の高田の古城（佐賀県小城市）に入った。龍造寺胤家もつき従って帰国した。「柿本系図」の胤村の条にも「千葉胤繁の家臣、小城郡高田城下に住」とある。西千葉氏は、東に大内氏・探題渋川氏、西に渋江氏という敵に囲まれ、東方の大内氏・渋川氏については、龍造寺氏をはじめ堀江氏・鹿江氏・

南里氏・渋谷氏などの味方をもって防がせていた。

西方の対渋江公直への防衛は、芦刈町北部の徳島氏があたっていた。渋江氏は東千葉方と考えられる。永正二年、西千葉胤繁は神埼郡南里の南里胤義を上松浦に派遣し、鴨打《かもち》輝にその子の胤宗を婿にすると約束して、「千葉の一族徳島治部太夫盛秀か為に力をそへさしむ」と、芦刈（佐賀県小城市中溝）を与えて輝を味方に誘い来住させた。この時、「鴨打は新参だから」と胤繁は南里胤義を内々に目代（監視役）として中溝村に添え遣わし、鴨打氏の家老とした。また、西千葉胤繁は空閑氏・前田氏らに所領を与え、千葉氏の平姓を許して杵島郡佐留志《さるし》（佐賀県江北町）に配置し、鮎川・桜井ら家人をも砥川（佐賀県小城市）に配して西方の渋江氏への押さえとした。

ところで、佐留志に封じられた前田氏は前田利家と同族とされる。前田忠定は「元来尾州の牢人、肥前国杵島郡来住、頼千葉家」（「前田系図」）、その子の志摩守胤定は「妻は佐留志近江守息女」「属千葉助胤勝、平氏ならびに胤の一字受」とあり、西千葉胤勝から平姓を許され偏諱をうけたとある。

多々良盛弘《たたらもりひろ》は千葉氏に佐留志を与えられ、佐留志近江守と号して居住している。「享徳二年（一四五三）棟札」にも名があり、また、西千葉胤治殺害の時にも死去との記事もあって、さまざまに検討を要する。

ほかにも、副島《そえじま》大膳亮信益の先祖は伊豆住で、系図には「千葉ノ内」（千葉氏の被官）とあって永正元年（一五〇四）に卒去、子の弥七郎も同二年に卒去している。また、南里但馬守は享禄の頃（一五二八

～三二）は今村城に住しており「千葉内」とある（芦刈南里とは別系である）。

第三次亡命―永正三年～四年

永正三年（一五〇六）、西千葉胤繁（十三歳）は少弐資元と合流し、綾部の探題である渋川尹繁を攻め落とした。この戦いで西千葉氏配下の南里有如も戦功をあげたという。この少弐・西千葉氏の再伸張を見て、急遽、筑紫満門は十月に小城に攻め寄せ、十七日夜から高田城を攻め始め、十八日夜には落城させている。尼日光や胤繁らは秘かに逃れ出奔した（「九州治乱記」）。かたや「剛忠公来歴記」や「鎮西志」では、大内義興代将の東尚盛・筑紫満門が胤治を攻めて放逐したと記す。ここで初めて西千葉胤治（二十一歳）が当主として登場する。

ところで、大渡宗茂は神代蕃元《くましろ》に属し、永正三年には筑紫満門との合戦で深手を負いつつも敵二人を討ち取って帰陣した。大渡氏は元は城氏で筑前大渡城主、大友氏の分葉で祖父の代に小城郡に来着して神代氏に仕え、神代氏は佐嘉郡から教胤勢に従軍した。

さて『三谷家の由来』に、西千葉胤繁は「筑前内地に落ち隠遁」、胤治も「共に落魄」とある。そして、翌永正四年六月十四日、胤繁は持永（今川）氏旧領のうち二十四町を持永大蔵丞（秋景）に返しており、「旧地今河領小城郡大楊・乙牟礼廿四町、今度差し戻し候、いよいよ属されるべく忠貞の事肝要候也」（「小城藩士佐嘉差出古文書写」）と、以後は忠誠を尽くすよう求めている。これは現存する最後の胤繁の書状であり亡命中に書かれたものである。復帰のための懐柔工作として旧地の一部を返還したのだろう。なお、宛名は胤繁の名の左下に記されている。持永氏は、かつて胤資滅亡の際に所領をことごとく没収されており、このときは零落していたのだろう。

小城への第三次復帰──永正四年〜七年

右の書状から九日後の永正四年（一五〇七）六月二十三日、京都で一大事件が起きた。幕府で専横を振るっていた管領の細川政元が暗殺されたのである。〝流れ公方〟足利義稙にとって、将軍職復帰への絶好の機会であった。義稙は明応八年（一四九九）十二月末日に大内義興を頼って周防の吉木に身をよせた（吉木公方）。大内氏は細川氏と瀬戸内の制海権・日明貿易の利権を争っている関係から、この前将軍を支援したのである。

大内氏の庇護の下、足利義稙は将軍復帰のため鎮西諸将を率いて上洛しようと抗争停止を命じ、肥前でも東千葉氏・筑紫氏・東尚盛ら、少弐・渋川らを説諭して干戈（武器）をおかせた（「鎮西志」）という。かくして九州は静謐となり、少弐資元を肥前守、大友を豊後守、菊池を肥後守に任じ、東千葉興胤（初めは胤棟、興常、のち興胤）と共に屋形号を与えた。なお、文亀元年（一五〇一）九月頃に義稙の仲介により大内と大友の間で和睦が成っていた（『大友家文書録』）。

抗争停止によって亡命中の西千葉胤治（二十二歳）・胤繁（十四歳）が帰国し、彼杵郡の大村純伊も亡命先から帰国しようとした。しかし、西千葉氏は小城に復帰して早々に大村氏の帰国を阻もうとして、隈口（佐賀県嬉野市塩田町久間）で大村・渋江公勢の連合軍に敗北した。これ以後、杵島郡では東千葉氏の記事しか見えなくなる。

足利義稙は大内義興ほか九州の諸将をも率いて進発し、翌永正五年（一五〇八）に上洛した。大軍の到来に将軍義澄は亡命、流れ公方はついに将軍に復帰した。四月十六日、前関白近衛尚通は「戦国の時の如し」（「後法成寺関白記」）と記している。肥前からも探題の渋川尹繁、少弐資元の名代の横岳資誠（資貞の子、のちの西千葉胤勝の兄）、肥前守護代の東千葉介興常、龍造寺家和（村中）、龍造寺胤家（与賀）、龍造寺家兼（水ヶ江）、平戸の松浦興信、有馬尚鑑（貴純の子）、彼杵の大村純治らがつき従った。ここに西千葉氏の名がないことが、その状況を端的に表している。

上洛後の大内義興は大軍をもって義稙を支え、のち永正十三年（一五一六）には遣明船を永代管掌せよとの御内書を将軍義稙より受けた。これによって日明貿易の主導権は大内氏・博多にうつり、そのため大内と細川の家臣が明の寧波で衝突している。少弐・西千葉氏はこの細川氏の陣営であった。

第三次復帰の頃より西千葉胤繁の書状は現存せず、その後、西千葉胤治が「鎮西志」に当主として登場する。十四歳の胤繁は尼日光の養子で生家も伝わっていない。かたや二十二歳の胤治は「千葉大系図」「鎮西志」とも千葉胤朝の実子とし、譜代の家臣らにとって統治の正統性があるのは胤治であった。

西千葉胤治・胤繁が相次いで死去

先の和睦から静謐が三年続いた。「平朝臣徳嶋系図」胤治の条に「永正七年（一五一〇）三月十三日於高田城討死　日治　妙春寺殿」とある。東尚盛と東千葉興胤（興常）父子が相議し、西千葉胤治を夜討ちし殺害、享年二十五であった。太俣（佐賀市）の窪田胤俊・鎰尼刑部少輔を討手として高田城の水の手を攻め破らせたもので、佐留志盛弘・今川胤親らは水の手に防ぐも討ち死にした。

そして同年の秋冬、大村渋谷猶家が杵島郡に来攻した。大村氏は千葉氏と連年封境を争って交戦していて、今また小城郡での異変を好機としての動きであった。大村氏はこの頃には彼杵郡に西遷しており（『新編大村市史』）、渋谷氏は大村一族と思われるが、「大村記」などにもその記述はない。翌永正八年（一五一一）三月、東尚盛・東千葉喜胤は同陣して杵島郡に出征し、渋谷氏を放逐した。そして喜胤は平井山城守を大村へ、中村三河守を後藤への押さえとして自らは小城郡に帰った。「郡中千葉代」と称したのはこの時からという（「鎮西志」）。この点、「鎮西要略」ではこれを二月とし、譜代の岩部常陸介を須古、中村三河守を潮見において守らせたと記している。

同八年九月、西千葉胤繁が亡くなった。「平朝臣徳嶋系図」胤繁の条に「永正八年九月二五日　千葉介　尼日光養子　十八歳」とあるが、死の状況は伝わっていない。胤治殺害の一年後である。西千葉氏はもはや風前の灯だった。永正九年の佐嘉郡本荘大塚大明神の宝殿再興でも、大願主が少弐資元、領主が武藤書雲民部太輔藤原冬雪、願主に鍋嶋清久（直茂祖父）とあるのみで、西千葉氏の名は記されていない。ちなみに、鴨打胤忠の母は西千葉胤繁の娘とされるが、胤忠は慶長八年（一六〇三）に九十歳で死去しており、年齢的には無理がある。龍造寺家晴の妻も胤繁の娘とされるが、家晴は弘治元年（一五五五）生まれでこの婚姻は想定しがたい。「小城鍋島文庫龍造寺系図」で、家晴の項にある「室千葉胤連女……実は隆信の息女」という記述あたりが妥当であろう。

胤繁の死後と思われるが、尼日光は亡夫の生家である少弐の一門から養子を取ることにした。少弐一門衆の横岳資貞は少弐氏を再興した大立者で、その三男満童丸を西千葉氏の養子（西千葉胤勝）に入れたのである。ところが、この養子縁組みを東千葉氏には相談せずに決めてしまった。これは「本千葉殿（東千葉興常）、小城郡祇園嶽（千葉城）に在城の時、本千葉殿御若輩に候故、誰とかや申す人の校量にて、横武（横岳）と云ふ人の子（胤勝）を（西）千葉に取り立つべしと仕られ候へ共、原・円城寺・中村・白井・平田なと申す者共、『本千葉を捨て奉り横武を千葉と仰ぐべからず』と随ひ申さず候故、晴気のやうに御引入れ成られ候と承り候由に候、横武千葉は胤常（胤勝か）・胤連・胤信に而御座候」（「神代家文書」）と記録されている。

ここには東千葉興常はまだ若輩だからと、「誰とかや申人」（尼日光か）が興常に相談もせずに横岳氏から養子を取って西千葉氏の当主とし、ために中村ら譜代が「本千葉を捨てて横岳の者を千葉殿と仰ぐことはできない」と離反したとある。胤「常」の名を見ても、この頃には西千葉氏は東千葉氏の傘下に降《くだ》っていたのだろう。ところで、文書引用中の「横武千葉」とはまさに的を射たもので、譜代らは横岳千葉を「本千葉」と認めなかった。しかし、のちには本千葉の東千葉氏さえも、少弐冬尚の弟が跡をついで少弐千葉となってしまうのである。

そんななか、永正十一年（一五一四）三月十五日、胤勝が龍造寺新次郎に胤久の名を与えた（「千葉胤勝名字状」「龍造寺家文書」）。胤久は東千葉派の龍造寺家和の子で、「鎮西要略」には家和（家員）は東千葉興常派とある。惣領家の村中龍造寺氏は、東千葉方から西千葉方に転向したらしい。

この偏諱の直後の四月、西千葉胤勝は一族旧臣を語らい、ある朝突然に挙兵して東尚盛の館を攻めたため、尚盛は松浦に亡命した。タイミング的に西千葉胤勝は（村中《むらなか》）龍造寺氏の調略・転向を待って急襲に出たのであろう。のちの胤勝による松浦制圧も龍造寺氏の力に多くを負うていて、東尚盛を放逐し得たのも龍造寺勢の従軍を得たためかもしれない。かくして胤勝は、東尚盛の城と領地を奪った。東尚盛はかつての西千葉領（一書にはそのうちの佐嘉郡での領地とする）を支配していたが、胤勝はそれを奪還したのである。胤勝はこの時に鎰尼筑後守胤光を家老としたという。

この時期の家臣の動向としては、永正四年（一五〇七）に古川将監が堀江神社を再建した。千葉介朝臣の家臣だった。また、堀江匡秀は永正から大永天文頃まで西千葉胤勝、天文二十二年（一五五三）には隆信に仕え、のちに孫の清太郎は須古攻めで田中一佑軒と共に戦死している（「水尾系図」）。

龍造寺氏が台頭した端緒

龍造寺康家（村中）は一族の惣領だった。当時は東千葉氏が属する大内陣営の全盛期で、長子の胤家は西千葉方だったため一族の家督は継がず亡命していた。東千葉興常は永亀二年（文亀二年か）正月十六日、龍造寺民部大輔（次男の家和）に小城・佐嘉郡の所領を安堵している（龍造寺家文書）。

永正二年（一五〇五）、龍造寺康家は一族の家督を次男の家和（村中龍造寺）に譲り、自身は水ヶ江（佐賀市）の別館に退隠した。水ヶ江は、のちに庶子の家兼（剛忠）が継いでいる（水ヶ江龍造寺）。その頃、大内陣営の東千葉氏が圧倒的に優勢で、東千葉派の次男に惣領職を継がせたと考えられる。この年、龍造寺家和（家員）は東千葉興常の推挙を得て亡命中の前将軍に御礼を遂げ、一門は次第に台頭していった。龍造寺台頭の端緒は、実に千葉氏の東西分裂にある。

ところで、この龍造寺胤家が西千葉氏に属したがゆえに家督を継がなかったのとよく似た例がある。それは千葉胤鎮の末裔で戦国期に活躍した徳島道可（胤順）である。道可は千葉一味だったため惣領を継がず、それで舎弟の甲斐守信忠が家督を継ぐ（「徳島家旧記」）とある。当時は敵の少弐・東千葉氏陣営が圧倒的で、西千葉陣営の徳島道可は長子なのに家督を継がず、従兄弟の龍造寺隆信の直臣となったのである（『芦刈町戦国史』）。

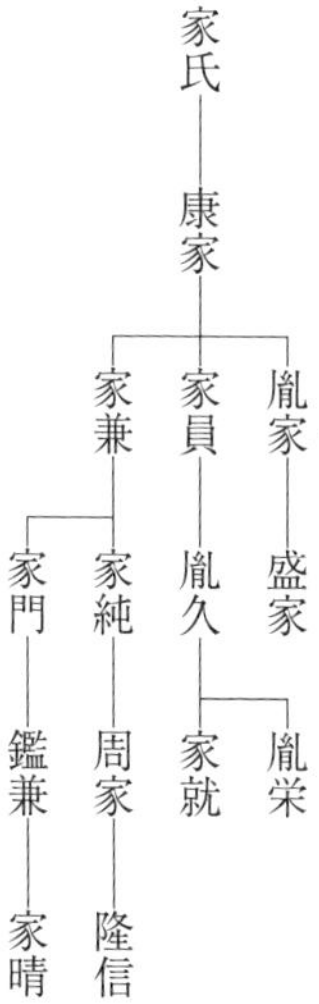

龍造寺氏略系図

第三章　胤治の生涯を追って――墓塔の発見

胤治の宝篋印塔を発見

徳島さんという方から、ある時、変わった話をうかがった。家族の足の病気で武雄の拝み屋さんに見てもらったところ、「先祖が久保田で戦死した。その墓にお供えすれば癒《い》える」と言われたため、それらしい石塔にお供えしたら治ったという。驚かされたのは、窪田（久保田）での徳島氏の戦死の伝承が「徳島家文書」にあることで、そこで著者は佐賀市久保田町を車で通るたびに脇道へ入り、野墓や石祠を眺めていた。

ある日、同町下満の臨済宗明春寺の裏に二つの石塔を見つけて気になり、車を降りて確認した。御住職にうかがうと、西側の宝篋印塔は開基の墓で、東側の祠は「鎮守さん」（太郎次郎社）と祖父から聞いたという。『久保田町史』（下）（二〇〇二年）には、多久千葉氏の明春《みょうしゅん》が剃髪して楽音寺に入って寺名を改めたとあり、筆者自身は尼僧であると思っていた。しかし、明治期の由緒書には「開基明春院殿花庭春台大禅定門　境内小塚現存す　当寺は千葉明春公の開基にして、公は永正七年三月十三日没す」とあり、開基は男性であった。そして「平朝臣徳島系図」に胤治の法号は妙春寺殿とあり、死去の日も一致する。そういえば、「鎮西志」でも胤治は死後に明春大明神として祀られたと記されている。徳島氏の武将の墓を探していて、なんと西千葉胤治の石塔を見つけたのである。『中世肥前千葉氏の足跡』（佐賀県小城市教育委員会、二〇一一年）にも、寺の「北隣に土豪の墓と伝わる廟《びょう》があったが、圃場《ほじょう》整備時に開削された」、明春寺の由緒書にも「境内小塚現存す」とあって塚と墓は笹藪の中にあったという。殿様や国衆が開基したのに、いつしか未亡人が剃髪して尼となり寺院を開創した、とストーリーが変化するパターンがしばしば見られる。『久保田町史』では、なぜか中世には聞かぬ多久千葉氏という言葉を用いており、尼僧のような書き方であったために、小城千葉氏との関係は誰も考えなかったのである。

胤治と家督の娘・尼日光明胤

文明十八年（一四八六）、千葉胤朝が弟の胤将に弑《しい》された。そのため、北部九州の覇者・少弐政資が弟を胤朝の娘に婿として送り込み、西千葉胤資と名乗らせたという。しかし明応六年（一四九七）四月十九日、胤資も大内勢のため晴気城において二十四歳で討ち死にした（「平朝臣徳島系図」）。年齢があわず出生年からは政資の子か）。そして未亡人の尼日光（胤朝の娘）は、十二歳の胤治と四歳の胤繁を連れて亡命する。異同はあるが、「平朝臣徳島系図」のように胤治が兄、胤繁が弟で合意が得られている。諸系図や戦記に、胤治は西千葉胤資の実子で胤繁は尼日光の養子とある。

中世は相対的に女性の地位が高かった。平安時代末期、鳥羽上皇は八条院（暲子内親王）を天皇にしようと検討した。「吾妻鏡」では、関東将軍次第に北条政子の名をも記した。後鳥羽上皇の側近に卿二位藤原兼子がおり、同時代の慈円は「女人此国をば入眼《じゅがん》す」「女人入眼の日本国」と記した。中世は武家の妻は夫と同じく「政務」（所領経営）に関与し、夫の留守を預かり代理を務めていた。「有浦文書」の「今川了俊書下写」においても「有浦女地頭号字千代壽女」の相論を記している。

「岩蔵寺資料」は第一級の一次史料だが、「当郡代々地頭」（肥前千葉氏当主）として「宗胤後室尼明恵（意）」と記しており、千葉宗胤の未亡人明恵（意）が約二十年の間、小城の千葉氏を差配したと野口実氏は指摘する（『小城の歴史』平成九年三月号）。「平朝臣徳嶋系図」では、千葉胤朝の娘に「家

臨済宗明春寺　佐賀市

西千葉胤治の石塔　佐賀市

督の女《むすめ》」「尼日光明胤」と記している。注目すべきは、尼日光明胤に尼明恵（意）の「明」、女性でありながら千葉氏の通字「胤」が入っていることである。これは千葉胤朝の家督の娘たる自負と政治的意志を込め、法名の形で「明胤」と名乗ったと考えられる。この法号から、胤朝の娘の尼日光が婿の没後、年端のいかぬ養子をかついで女当主のような力を振るっていたことがうかがえる。

胤治についての混乱

西千葉胤治は胤資の実子で、胤繁の義兄とするのが通説である。当時は数え年であるから、胤治は祖父の胤朝が死去する年に生まれたことになる。少弐胤資（のち西千葉胤資）は胤朝の死で婿となった。「九州治乱記」では養子で弟の胤繁を当主としており、実際、胤繁には一次史料もある。かたや胤治には一次史料はない。そこで、西千葉胤資の家督を継いだのは胤繁だと考えられてきた。なぜ、実子で八歳年長の胤治が跡を継がなかったのか。胤治はほんとうは養子だったのか、もしくは実在しないと考える者もいたが、それは当然の問題意識であった。

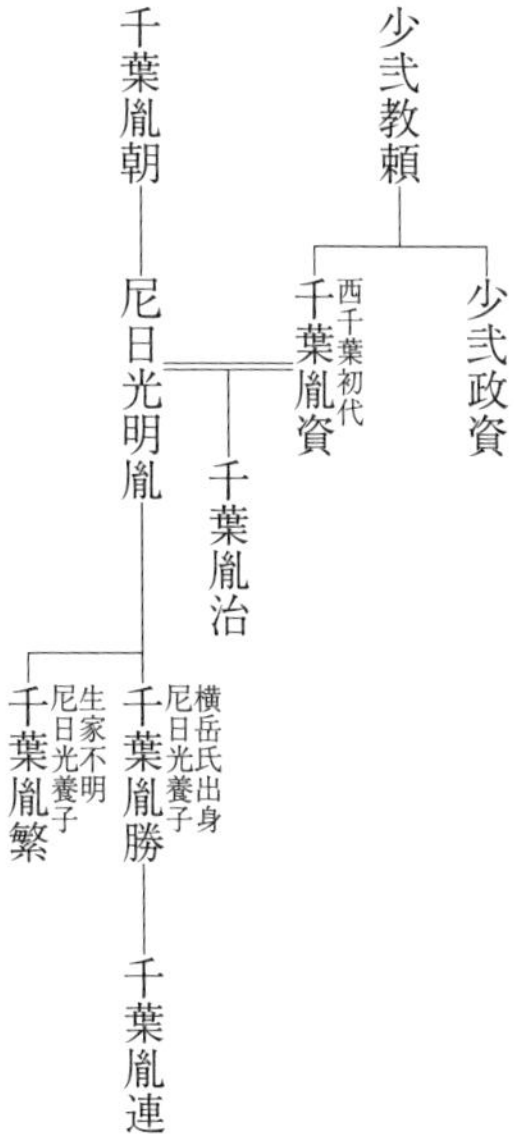

胤治＝胤朝実子説

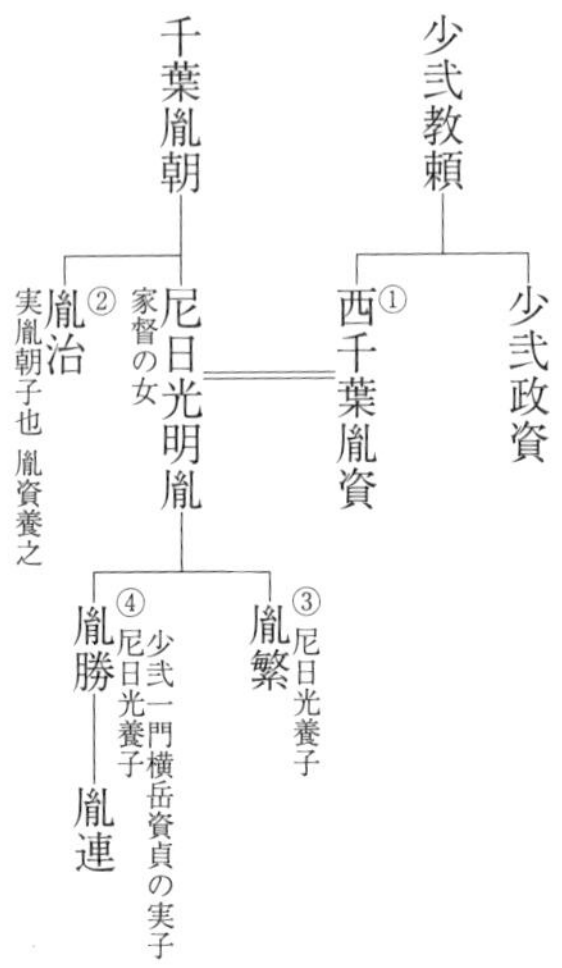

胤治＝胤朝実子説　千葉大系図

ところが、たまたま墓を見つけて西千葉胤治が臨済宗明春寺を建立した事実を発見し、その実在が明らかとなった。さらに、下総の「千葉大系図」胤治の条に「実胤朝子也、胤資養之。永正七年庚午三月十三日死。年廿五」とあり、実は胤朝（五十一歳で暗殺）の子で、義兄の胤資が養ったとある。とすれば、胤朝が五十一歳で暗殺された年に生まれた子となり、これなら十分にありえる。一族の危機に赤子に継がせるわけにもいかない。そのためか、姉でのちの尼日光が敵の少弐氏から胤資を婿に迎えて危機の回避を図った。こう考えれば今までの疑問はすべて氷解する。

しかし、「千葉大系図」は遠い下総で記され、肥前千葉氏についての記述はすべてを首肯できるわけではない。従来説である「九州治乱記」の記述にも反している。ところが、肥前の「鎮西志」に対応する記述があった。文明十八年の胤朝暗殺の直後、唐突に「胤朝の児あり、幼稚にして蟄居す」と記され、この遺児についてはその後なんら記述がない。「千葉大系図」の「実胤朝子」を念頭に置き、初めて「鎮西志」の「胤朝の児あり」が西千葉胤治のことで、「鎮西志」が記す胤治の最期への伏線であったことに気づくのである。

胤繁は胤治より八歳年下で尼日光の養子だったにもかかわらず、胤繁は十一歳で川上宮大宮司として棟札に名が挙がり、十四歳で文書も発給している（永正四年・一五〇七）。これは実弟の胤治が一族を継げば、「家督の女」（娘）としての権力を失うから年少の養子胤繁をかついだと解して初めて説明できる。そして胤治が当主として復帰した永正四年以降、西千葉胤繁の発給文書は現存せず、「九州治乱記」でも胤繁は永正三年までしか記されない。

かたや「鎮西志」では、西千葉胤治が主に記されるのは亡命した永正三年からである。胤繁と胤治は入れ違いの関係になっている。永正四年に帰国した時、胤治は二十二歳になっていた。かたや胤繁はいまだ十四歳、しかも、あくまで尼日光の養子で生家も伝えられていない。家督の継承などで生家が政治的に大きな意味をもつこの時代においてである。そして、帰国直後の隈口の戦いで西千葉勢は大村・渋江連合軍に敗れ、杵島郡への影響力を失った。これでは家臣らも、胤朝の実子で年長の胤治を待望するようになるだろう。タイミング的にこの敗戦が決定打となり、尼日光・西千葉胤繁から衆望がはなれ、家中の主導権が胤治に移ったと推測できる。

千葉一族の宗旨

胤治は久保田に禅寺の明春寺を建立し、系図でも同時代の千葉氏は院殿・寺殿号は西千葉胤治や東千葉興常しか見あたらない（「平朝臣徳島系図」「鍋島文庫諸家系図 千葉系図」）。階層秩序からなる時代であり、これは胤治が西千葉氏の当主だったか、主をも凌ぐ勢威を持っていたことを意味する。
千葉氏の宗旨は日蓮宗であり、先祖の胤貞は「法華経の信心を退転する者は胤貞跡（遺領）を一分も知行してはならぬ」と子孫に遺誡した。これは下総からの家臣団が日蓮宗への信仰で強く結束していたという背景もあろうし、祇園川流域（佐賀県小城市）での日蓮宗の布教が在地領主層の組織化・被官化にも資したという事情もあろう。事実、尼日光には日蓮宗の日の字が入っている。永正二年には西千葉胤繁（十二歳）が佐嘉郡下渕（淵）村（佐賀市）に日蓮宗妙常寺を開創した（「妙常寺由緒」）。東隣には龍澤寺開山の無着の甥が日蓮宗本照寺を開創しており、亡命中の尼日光・胤繁らが千葉氏所縁のこの地に一時拠していたのかもしれない。江戸時代の堀の形状からは城址とも考えられる。

ところが、西千葉胤治が建立した明春寺は禅宗の臨済宗で、西千葉氏が各地に封じたこれら徳島・前田氏（曹洞宗）、持永・南里氏（臨済宗）もみな禅宗であった。厳格な日親に千葉胤鎮が帰依して以降においてこれが意味するところは実に重大で、今までとは異なる家臣層の扶植が如実に見て取れる。湮滅《いんめつ》寸前の西千葉氏は敗勢を挽回するため新たな被官層を領内に扶植しようとしたのだろう。ちなみに、西千葉胤治や胤繁は佐賀平野の南部を勢力圏とした。日蓮宗が強い平野北部には勢力が及んでいない。文亀二年（一五〇二）には北部の晴気で挙兵したが放逐され、その後は中部の高田城に拠した。

かたや東千葉興常の山王祠は平野北部の馬見で、子の喜胤の館も近い。後継の胤頼の墓である立中社も平野北部の晴気にある。東千葉氏は条里制の布《し》かれた平野北部に拠り、劣勢の西千葉残党は湿地

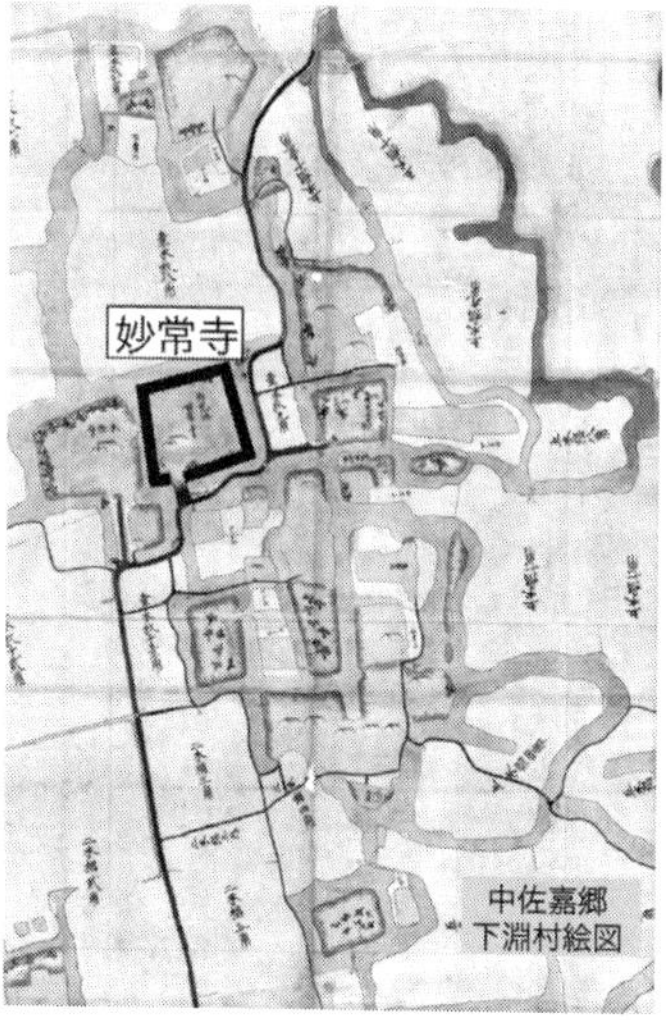

（左）妙常寺周辺　佐賀県立図書館蔵の絵図に加筆

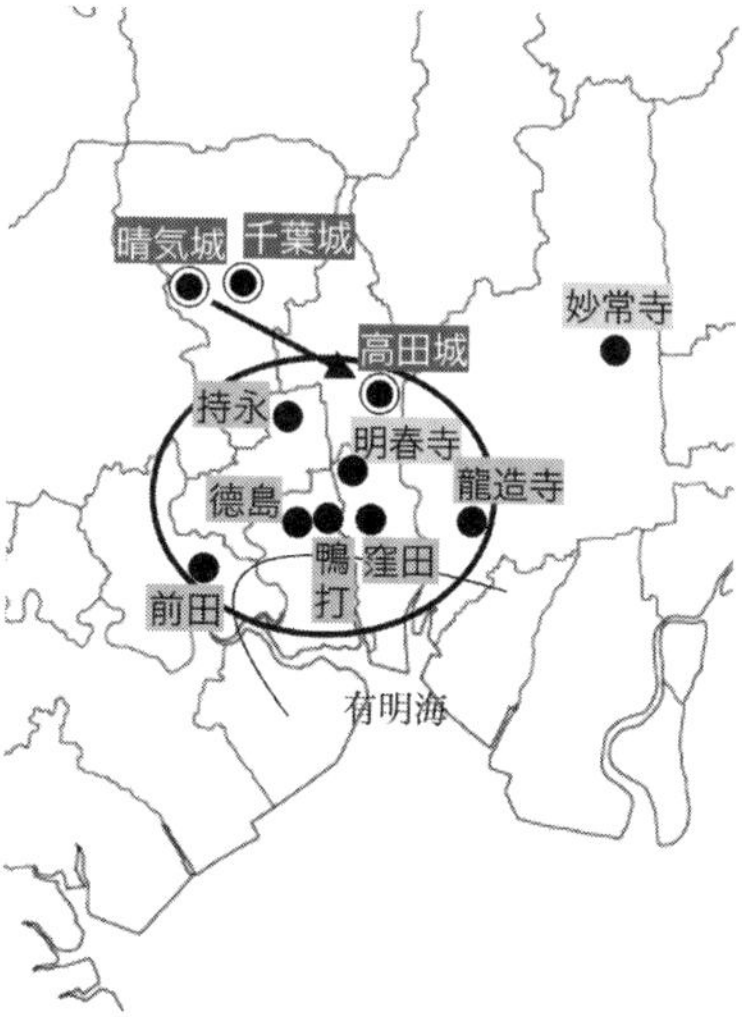

（右）西千葉氏の勢力圏

が多い南部を勢力圏とした。なお西千葉胤繁が妙常寺を建立したのは千葉領の周縁部である。

千葉胤貞は遺訓で子孫に日蓮宗への帰依を求めたが、その後、ようやく胤鎮に至って帰依することになった。なのに胤治が菩提寺として禅寺を建立したのは胤鎮後の千葉氏の伝統への反逆でもあった。ここで注目すべきは義兄の西千葉胤資で、生家の少弐は代々禅宗の臨済宗である。胤資は胤治を一歳から養育しており、胤治が臨済宗寺院を開創したのは少弐出身の義兄の感化と考えれば、なんら矛盾も違和感もない。

さて、劣勢な西千葉氏による新しい家臣層の扶殖は、下総から率いてきた譜代被官層にかわる新しい支持勢力への期待・依拠を意味する。結果的に、それはその家臣らが開創したのがことごとく禅宗寺院だったという意外なところに表れた。実に、日蓮宗は鴨打氏だけである（臨済宗寺院を創建したのは鴨打胤忠三男。寺伝）。少なくとも日蓮宗が象徴する譜代の供奉衆に基盤をおく家督の娘や、統治の正統性に疑義がある養子で、年少の胤繁にはこれは困難だったろう。そして尼日光が今まで家政を握ってきた中、西千葉胤治が家中で立場を確立し、なおかつ圧倒的な大内派の東千葉氏などに抵抗するには、家臣団の再構築―（譜代以外の）手足となる子飼いの家臣の獲得―が急務であった。

胤治殺害と千葉氏家臣

帰国して三年後の永正七年（一五一〇）、突然の夜襲で西千葉胤治は高田城で討たれた。東尚盛と東千葉興胤（興常）・喜胤父子の命により窪田・鎰尼を討手として夜陰に乗じ高田城の水の手を攻め破らせたのである。「千葉家系図 平姓」でも、胤治の条に「千葉介于住高田城」「窪田為東尚盛所討」、実行犯は窪田氏、暗殺の首謀者は東尚盛とある。

ところで、「鎮西志」には討手を窪田胤俊・鎰尼刑部とし、胤治と共に近臣の佐留志盛弘（水ノ手で）・今川胤親も討たれたとある。「井手系図」で井手民部大輔は「永正七年窪田胤利・鎰山《かぎやま》刑部太夫方。同年三月十三日千葉胤治於城の水手（頭《くび》ナシ堀か）ノ上にて御生害、井手ハ窪田・鎰山方、依て命を遁」とし、鎰山とは鎰尼氏で同じく討手側とある。かたや「鎮西要略」は、鎰尼刑部少輔は胤治の一族で、窪田と共に討手とする。注目されるのは、暗殺ののち窪田氏が胤治の祟りを恐れて明春大明神として祀ったという伝承で、裏切りへの罪悪感からであろう。

大内派の定策国老（国君擁立者《キングメーカー》）中村氏はしばしば千葉家中に大内派を擁立せんと策してきた。中村三河守は東千葉氏の驍将として多く名が記されるが、意外なことにこの西千葉胤治殺害では名はでない。しかし実は東千葉興常は鎰尼与三兵衛尉に対し「三河守その内々《うちうち》の儀に対し委細其心得候、役方の儀聊《いささ》か余儀（他の方法）有るべからず候に依り、首尾相応じ候様内談候へく候、年中はや余日無く、以て来春早々出頭候《そうらはば》者、委曲相談すべく候」（十一月七日付「橘中村文書」）と書き送っていた。

この時代に東千葉氏と関係のある三河守といえば中村三河守で、内容は胤治暗殺の状況に合致している。中村三河守は件《くだん》の役方の件は知っていて、胤治親族の鎰尼氏は東千葉氏に通じていた。そして往時は一月から三月が春で、春三月に胤治は殺害された（中村氏の偏諱や三河守補任の時期にかかわる矛盾については、拙稿「胤治殺害と中村三河守」『小城の歴史』八十八号で考察した）。

西千葉氏はすでに完膚なきまでに破砕されていたが、先の和睦以来、静謐が三年続いていた。この間に西千葉氏も少しずつ退勢を収拾しつつある。東尚盛は大内氏から旧西千葉領、もしくはそのうちの佐嘉郡かを与えられた。残余の西千葉領は東千葉興常に与えられたのだろう。となれば、西千葉氏の再興で東尚盛や東千葉氏は直接に不利益をこうむるので、西千葉氏の再起の芽は摘んでおきたいと考えるのも無理もない。当時はまだ将軍義稙（元の流れ公方義尹）の裁定による鎮西の和議がまだ生きていた。しかし大内義興が長く在京する中で、九州や中国地方では次第に大内氏の押さえが効かな

日蓮宗妙常寺　佐賀市

くなりつつあった。「山野井文書」には「山口雑説の由、風聞につき馳参られるの次第もっとも神妙の至り也」（永正六年十一月二日付）とあり、大内氏の本拠の山口ですら不穏な噂があったことがわかる。東氏や東千葉氏が窪田氏や鎰尼氏らに高田城の胤治を殺させたのは、そういう時期だった。

天川千葉氏の伝承

厳木町天川《あまかわ》にも千葉氏がいる。子孫の故千葉寛氏（家紋は月星紋）によれば、次のような言い伝えがあった。千葉氏は戦に敗れ、その幼い子を家臣が抱き守り、追手から追われるなか真っ暗な山中を夜だけ移動して天川まで逃れ来たという。その時に持たせたお印が妙見像であり、それが天川の日蓮宗本立寺の上に妙見祠が祀られている理由なのだという。天川千葉氏は、天文三年（一五三四）に卒した胤次からとされる。

龍造寺氏の宗旨と千葉氏

龍造寺氏の宗旨は代ごとに代わった。では、剛忠が臨済宗だった事実をもって千葉胤治の宗旨にならったと言いうるであろうか。臨済宗の下で万部経を修した永正二年（一五〇五）三月、同時期に西千葉胤繁が佐嘉郡に日蓮宗妙常寺を開創している。この頃は第二次復帰中であり、尼日光（法名は日蓮宗）や胤繁が西千葉氏の主流派だった。胤治がすでに当主だったと示す材料はない。圧倒的に東千葉氏が強勢な時期でもあり、五十一歳の剛忠が二十歳の胤治の影響下で臨済宗に帰依したとは考えられない。龍造寺剛忠の父の康家も千葉胤朝の代に天台寺院を再興し、これと千葉氏の宗旨とは関係がない。龍造寺胤家は胤治に従っていたが、胤家は日蓮宗、胤治は臨済宗でこれも関係がない。

西千葉胤勝も少弐一門の横岳氏出身で、横岳氏も臨済宗である。胤勝の宗旨はわからないが、子の胤連は臨済宗天継院に祀られている。かたや東千葉胤頼（少弐氏出身）も臨済宗本龍院に祀られている。東西千葉氏は少弐千葉・横岳千葉となり、それに従って宗旨も少弐の臨済宗に代わっていった。とはいえ、龍造寺氏の後期には禅宗臨済宗が中心となっており、これは少弐氏・少弐系東西千葉氏の影響と見てよいだろう。胤治と胤繁は義兄弟で、弟が当主とされる。しかし、宗派を検討するなかで、二人は義理の叔父・甥の関係であり、尼日光が胤繁を擁立し、胤治も一時は当主となったと結論づけた。この見地からは、従来の疑問が氷解する。胤治についてはこれまで語られることも少なかったが、横岳千葉（広義には少弐千葉）への移行期の象徴的人物といってよいだろう。

第四章　宿敵、東尚盛・筑紫満門との戦い

東氏の本拠地と千栗八幡宮

永正十三年（一五一六）春三月、西方に亡命していた東尚盛が上松浦郡の松浦・波多《はた》・草野勢を率いて小城に取って返し、晴気城を攻めた。城主の西千葉胤勝は前田・徳島・鴨打《かもち》・窪田・鍋尼・円城寺らとしめし合わせ、東尚盛を背後から攻めさせた。夏五月三日、松浦衆は小城で敗れ東尚盛は討ち死にした。なお、『牛尾山流記』には「永正十三年丙子《ひのえね》於小城郡、有馬・松浦・草野衆、催して出張す。千葉殿、別当坊、引合（互いに助け合う）責（攻め）亡す」とあり、牛尾別当も胤勝方と記す。烏帽子親の東尚盛の討ち死にで、翌年十月、佐嘉郡の馬渡義者は村中龍造寺の大和守胤久に仕えた。

永正十四年春、西千葉胤勝は松浦表に出陣し、その翌年には佐志・鶴田・吉井らを撃破して従わせた。先鋒の龍造寺胤家や伯耆守盛家らの功であった。盛家は日勇とも言い、胤久の義弟である。永正十八年（一五二一）一月十一日、西千葉胤勝は龍造寺新次郎（胤久）を民部太輔に吹挙した（「龍造寺家文書」）。こののち方向感のない戦いが続いた。西千葉胤勝も大内氏にくだり、東千葉興常から偏諱をうけた（胤常）らしい。

東尚盛の本拠はどこにあったのか。東肥前の武将と思われるが、東姓の武人は戦記でも尚盛しか出

てこない。大内家臣団には東儀《とうぎ》姓こそいるが、東姓は見当たらない。大内方の有力武将として一時代に名を残しながら、東一族については何もわからない。ただ、文明十六年（一四八四）、東尚盛は麓に降りて散在する背振《せふり》山衆徒が帰山するまでという口実で背振山領の坂本を公領として没収しようとし、多聞坊の懇望をうけ返付した。翌年には東尚盛は水上坊に対し、背振山領の神埼郡柳島村（水上坊の僧が地頭職を保有していた）・坂本のうち坊地二ヶ所を安堵した（肥前背振辨財嶽境論）。これが東尚盛の初出で、少弐政資の肥前亡命から名が現れ、神埼郡で力をもっていたことがわかる。

千栗八幡宮　佐賀県みやき町

　ところで、東肥前の千栗《ちりく》八幡宮（佐賀県みやき町）の社家の惣領家が東《ひがし》氏なのは注目に値する。この千栗八幡宮は肥前一宮として武将らの崇敬をうけ、神職は東・中・西の三社家とそれに準ずる十禰宜家だった。剽悍《ひょうかん》な修験を率いる神職は、そのまま武将に転化しえた。高良山（神代）・櫛田神社（執行）・武雄神社（武雄）・牛尾別当・西持院・唐津鏡神社（草野氏）は、みな神職でありながら武将でもあった。

　千栗八幡の西二〇〇メートルほどに高く切り立った山があり、かつて千栗城があった。東氏が仕えていた領主の出雲氏は少弐系で、千栗城を治めていた（『北茂安町史』）。齋藤用之助の先祖もこの城に代々住し仕えていた。「現参道の西側斜面には一条の竪堀が、千栗八幡宮北側には数段の平坦部もうかがえる」（『北茂安町史』）。千栗八幡や修験の坊のある高台の麓には筑後川が流れ、船着場があって栄えていた。肥後から北上して大宰府に出るには千栗八幡の東を通るしかなく、対岸の筑後の動きは一目瞭然で格好の要地である。水運の便・財力・精悍な修験など、千栗八幡から武将が出る条件は十分に揃っていた。

今日でも東佐賀において東姓は少ない。世襲の時代に東尚盛が突然現れ、大内麾下の有力城督になりえたのは背後に父祖が代々、営々と築いてきた土台があったとするのが妥当で、千栗八幡の三社家の惣領たる東一族だった可能性は検討されてよい。千栗八幡は「中世には大宮司（東）惟幸や惟経などが武力を備える」（『北茂安町史』）と言い、「（東）左馬太夫殿父祖の時代、諸国諸郡乱暴に付、東家弐・三代出雲殿に属し数度手柄これ有るにより、出雲殿より知行大分下され、武家を兼ぬと申され候、左馬太夫殿親父は男子只一人、則ち左馬太夫殿にて候、武家にては江上と名乗り、社家にては東と名乗り申され候、……東家神職知行は嫡子左馬太夫殿に譲り、武家は婿に譲り申され候、其聟江上某と申候、出雲殿家老江上七郎右衛門と申候は左馬太夫殿姉の子にて候」（社家一・千栗八幡）という状況だった。大宮司たる惣領の東氏は武家を兼ね、出雲氏の下で従軍していたのである。

東尚盛の死から約三十年後、千栗八幡に東姓の人物が登場する。それは東弾正少弼盛親で、東弾正少弼尚盛とは一字違いである。天文十二年（一五四三）二月四日銘の千栗八幡の鐘には、「少弐冬尚、馬場政員・同頼周、筑紫惟門、宗本盛、江上元種、東弾正少弼盛親、龍造寺剛忠・胤栄・家門・日勇、小田政光」と、当時の錚々《そうそう》たる東肥前領袖らの中に東盛親の名があがっている。そして少弐氏は早い時期に与賀と千栗を領有し、千栗八幡とも接点があった。一般に、この銘は抗争がやんで東肥前が静謐となった表れと評価される。しかし、東盛親はこの一度しか出てこないにもかかわらず肥前領袖らと並んでおり、東盛親（尚盛も）が千栗八幡の惣領一族のひとりだった可能性を示すものだろう。

ちなみに、現在でも東《ひがし》氏が千栗八幡の神職である。家紋は五三桐紋。東《ひがし》姓は東肥前でも少なく、市武などにも東内《ひがしうち》姓があるのは千栗八幡の東《ひがし》氏の支族かもしれない。千葉氏系の東氏は「とう」「とうの」と読まれ、小城郡でも東内は「とうない」と読み、一定の対応関係が見られるからである。

なお、小城支藩に仕えた東氏は元は江上氏だが、東尚盛・盛親との関係はわからない。

松浦氏の驍将・東時忠のこと

「龍造寺家文書」には「東純盛起請文」があり、東尚盛や東盛親と盛の一字が共通である。尚盛の子孫である可能性はあるが、それを裏付ける史料がない。しかし、東尚盛の子孫については、もう一人の気になる人物がいる。それは東時忠で、長崎県佐世保市相神浦《あいこうのうら》の宗家松浦宗金（親《ちかし》）に仕えて平戸の松浦道可との戦いで一人気を吐いた人物で、佐世保の郷土史家である故平川定美氏は、東時忠を実は東尚盛の子であるとした（平川定美『佐世保戦国史の謎』）。

永禄六年（一五六三）、有馬氏は丹坂口《にざかぐち》（丹坂峠）の戦いに敗れて西肥前の覇権が瓦解し、平戸の知将松浦道可は造反して有馬麾下の宗家松浦氏の攻略に着手した。相神浦の宗家は籠城するが、その配下には東時忠（甚助）という武将がいた。東の三年の抗戦ののち、宗家の松浦宗金（親）はついに降伏し、有馬からの養子である五郎盛《さこう》は追放された。そして、平戸から新たに松浦道可の子の九郎親《ちかし》を養子に迎え、松浦宗金は隠居して家督を明け渡した。ところが、この新当主九郎親は有力家臣の遠藤氏に罪をきせて族滅し、さらに忠誠無比の東一党をも粛清しようとした。東時忠は九郎親を返り討ちにしたが、一族は平戸の松浦道可により滅ぼされた。右の第二次相神浦の攻防で、城内は「雑兵合せて弐百人鮨のごとく成たれ共、城方も心弱けにぞ聞けり。しかれ共少弐殿の侍多く籠りたれば、たやすく落べきとは見えざりける」（「壺陽録」）とあり、少弐の残党も籠城していた。また、松浦宗金の母は少弐政資の娘でもあり、平川氏はここに記された少弐残党こそが東一党で、東時忠こそ東尚盛の子と考えたのである（平川定美『佐世保戦国史の研究』）。筆者は東尚盛の死後、子孫がまた少弐に帰服して、それが東盛親であると考えている。だが、佐世保の東時忠については東尚盛や盛親の一族と判断する材料にとぼしいのが実情である。

ところで、東一族の生き残りは北の山間の集落に逃れ、西元と姓を変えて住み着いたという。今でもその姓が一軒現存しており、家紋は四方木瓜に剣唐花紋だが、地域でもそのような伝承や文書は伝わっていないとのことであった。

有馬氏が千葉領へ進軍

その後の千葉氏は、南方からの脅威に脅かされていた。東西分裂のもとで動いたのは大村氏だけではなく、島原半島の有馬氏も北上して千葉領を寇掠《こうりゃく》しようとしていた。まずは永正四年（一五〇七）二月、有馬尚鑑が横辺田へ攻め来て東千葉衆と戦い、宗徒が多く討たれている。永正十一年（一五一四）五月、有馬氏は諫早の西郷石見守を、ついで彼杵郡の大村禅賢を攻め下した。ここにおいて、藤津郡に転進して東千葉氏を討とうとし、有馬主馬純長が先鋒となり大村氏・西郷氏もこれに従った。翌年、有馬氏・大村氏は東千葉衆と藤津郡に戦い、有馬純長は東千葉興常の家老の岩部常陸介を撃破した。常陸介の父は佐嘉郡代だった岩部常近である。余勢を駆って有馬勢は杵島郡に北上、横辺田に陣を置いた。横辺田とは杵島郡のうち六角川の北部と小城郡砥川をいう。

この時期には有馬勢の伸長が著しかった。有馬勢は藤津郡を制圧し、大村氏の居城だった松岡城を北上の本拠とした。さらに、分裂につけこんで東千葉領の杵島郡を侵食し、小城郡を脅かしている。

有馬勢は永正十三年（一五一六）には多久（小城郡）の別府に陣を進めた。千葉家臣の野辺田氏や飯篠氏、江里口常寛らが討ち死にした。江里口氏は平姓原口氏の出で、同じく千葉氏の家人で同郡江里口村を知行し江里口と号した。子の常併は、実は仁戸田左近の子で、千葉氏没落後は龍造寺氏に仕え小城郡大楊を知行した。その子の信常が、のちの龍造寺四天王である。「江里口系図」には、「八並の兄……元来唐津素性。大剛無双の者也。号四天王。天正十三年討死」「松浦の孫。千葉家来十二人の内」との異聞がある。なお、原口氏は千葉系原氏の分葉で、秀胤は下向して千葉氏に仕え、小城郡多久原吉井郷原口村（原口橋付近）に居し、原口を号し、代々千葉氏に仕えた。

この頃、有馬氏は各地で千葉勢に打ち勝ち、杵島・彼杵・藤津三郡を制して威を振るっていた。翌十四年、有馬純長は小城で東千葉喜胤に戦いを挑み、翌十五年には杵島郡で戦った。のち大永五年（一五二五）、有馬純長と東千葉喜胤は横辺田で戦った。平井経則（頼兼の子）は有馬に従い、千葉衆は有馬・平井勢に杵島郡東部の各地で敗れた。

屠所の羊の歩みの如く―筑紫満門の最期

さて、筑紫満門は大内氏の傘下の有力国衆であった。満門は少弐一門で、恩顧の者でありながら明応六年（一四九七）の兵乱では東尚盛と共に大内氏に降《くだ》って、逆に少弐を攻めたてて政資を滅ぼした。満門は強大な権勢を誇り、「鎮西要略」は「筑前・肥前に三郡を領した有勢の城伯」と記している。

大永三年（一五二三）三月、東千葉興常は小城郡の光勝寺に杵島郡水尻分二十四町を寄進した（「光勝寺文書」）。同年、筑紫満門は少弐資元と和睦したが、翌年一月、少弐一族の馬場頼周が満門父子を謀殺した。頼周は満門の婿であったが少弐への忠誠心が強く、義父が裏切って旧主政資を自殺に追い込み、栄華をむさぼるのを許せずにいた。そこでついに誅戮を決断。孫の病気を伝えて綾部城におびき出し、父子三人を討ち取った。「九州治乱記」では、満門一行がこれから殺されるとも知らずに城にやってきたのを「屠所《としょ》の羊の歩み」と形容している。

のち、大内勢は長駆多久まで攻め入り、主君の少弐資元も滅亡してしまった。馬場頼周はこれを剛忠の裏切りの結果と見なし、その後、水ヶ江龍造寺氏の一族を殺戮して復讐している。頼周の子の政員の正室は剛忠の孫娘であるが、頼周は嫁の親兄弟をも殺戮しており、正義を振りかざして手段を選ばぬ印象がある。だが、頼周は「博学にして才知あり、忠心深くまた下賤を憐れみし者なり。龍造寺氏の一家を討ち取りし事は少弐に対して謂《いわ》れある事なり」と「九州治乱記」は記している。

馬場頼周の家人の薬王寺隼人允は城原で龍造寺周家らを殲滅して武功をあげた。主の頼周の先途（最期）に居合わせることができず、剛忠の面前でそのまま切腹して頼周に殉じた（「直茂公譜」）。なお、肥前五寺とは龍造寺・中元寺・円城寺・薬王寺・成道寺をいい、千葉氏譜代の円城寺の名もある。

「九州治乱記」によれば、少弐陣営の西千葉胤勝が大内に通じていると噂が流れた。馬場頼周は胤勝が大内方につくのは「筋目相違い候、誠に是非なく候」と少弐氏の重臣らに書状を出して批判した。その後、享禄三年（一五三〇）八月、田手畷の戦いで西千葉胤勝は大内方についたという。

伝承によれば、大永四年（一五二四）五月二日、胤勝は大内派の東千葉喜胤に小城郡を奪われ、筑前那珂郡（福岡県那珂川市）の一ノ嶽城に亡命したという（「筑前国風土記拾遺」）。かたや一次史料によれば、胤勝は筑前亡命中に大内氏に降り、大永六年（一五二六）五月に大内義興から堪忍料として入部《いるべ》村に土地を与えられている。帰国をにらんでか胤勝は調略工作を展開し、佐嘉郡高木瀬の三浦氏に安堵（書下写、「御家中古書佐嘉指出覚」）し、深河主馬亮・音無新五郎・南里但馬守には大内勢の渡海につき奔走するよう命じた（「南里今村文書」）。この深河主馬亮とは小城郡深川の深川主馬允重常（重道）であり、その弟が平吉対馬守である。十二月三日には南里氏への書状で、「防州（大内氏）入魂《じっこん》に就《つ》き早良郡入部村において在留候……来春は弓矢必定為るべきの由に候、其の覚悟専一に候……寒中辛労ながら馳走（奔走）有るべく候、委細鎰尼胤冬申し渡すべく候」（「千葉胤勝書状」「南里今村文書」）と、大内勢が攻め込んで来春は戦争になるから奔走せよとある。

この鎰尼（鎰山）胤冬は胤勝の平井坊への使者として登場する（「平井坊文書」）。平井坊は藤津郡南端の海上交通の要衝である竹崎港にあり、胤勝が使者を派遣するため船の提供を依頼したこともある。鎰尼氏は胤勝の下で重要な地位を占めていた。かつて千葉介胤朝の時にも大友家への書状で鎰尼土佐守がその使者として挙がっており（「大友家文書」大分県史料第四部二六）、鎰尼氏は胤朝系統の重臣として幾度も登場する。

大永八年（一五二八・享禄元年）と推定される大内義興書状（島井家資料）では、義興が千葉介（興常カ）に「肥前国御計策の儀、閣《さしお》（そのままにしておくの意味）かれざるの由に候、然るべく候、既に開陣候の条、猶其時を期し候」と書き送った。そして享禄三年（一五三〇）七月、大内氏はついに肥前に侵攻して少弐資元を討伐し、八月が田手畷戦である。胤勝はこれに乗じて肥前に帰還したのだろう。直後の九月の河上社棟札では大宮司は東千葉興常である。

ところで、同年七月には胤勝は龍造寺胤久に与賀庄千町を安堵している。また、享禄五年（一五三二）頃には少弐御一家衆と龍造寺氏は「ご入魂無く」（三月十七日付宗盛賢書状写）、八月二十日付飯田興秀書状には「千葉胤勝・少弐衆」が「取合（合戦）に及び、少弐一家衆退散の由其れ聞へ候」（「籠手田文書」）とある。そして天文二年（一五三三）、西千葉胤勝は東千葉興常と連署で河上社に安堵状を、翌年には禁制を出した（連署禁制他、「河上神社文書」）。興常は「東西相調ひ候、殊に本陣近々差寄せらるべく候、然者《しからば》松浦上下有馬同前、当手の事進発すべく候の条……、其由胤勝へも入魂たるべく候」（「実相院文書」）とも記し、大内陣営の東千葉氏の宗主権に西千葉氏も従っていた。

西千葉胤勝の最期

「鎮西志」は、享禄三年（一五三〇）に胤勝と喜胤は共に小城郡に在郡し、佐嘉郡は大半が両千葉が管領していたとする。胤勝の動向が確認できる最後の一次史料は天文十二年（一五四三）十月十七日付で、東千葉興常と西千葉胤勝は安堵状を連署で発給した（「河上宮古文書写」）。

胤勝の最期について「鎮西要略」に、翌天文十三年「十一月、龍造寺大河野城を攻めんと欲して龍河野表発向す。千葉別駕胤勝また兵を率い陣す。同二十二日合戦、千葉胤勝討死」とある。龍造寺胤家の養子の盛家（日勇）は「廿二日於上松浦大河野口立ツノ川討死」（「鍋島始龍造寺御系図」）、立ツノ川とは右の龍河で、盛家もこの立川の戦いで討ち死にした。「牛尾山流記」にも「天文十三年甲辰、松浦郡大川野にて龍造寺伯耆入道（盛家）殿討死の時、小城一揆は搦め手にて亡ふ、別当坊弟琳角討死」とある。「牛尾山流記」は小城郡の文書で「小城一揆は搦め手にて亡ふ」とはあるが、西千葉胤勝の死にはふれていない。しかも、伊万里市大川町の立川《たつがわ》には龍造寺盛家の墓とされる石塔（無銘）はあるが、胤勝の石塔は伝わっていない。胤勝が死んだのは、ほんとうにこの立川の戦いなのであろうか。

その後の馬場頼周だが、天文十四年（一五四五）、神代勝利と共に川上と城原で龍造寺剛忠の一族を族滅した。この年、遠藤盛重の子の盛忠が川上で討ち死にしている。翌十五年、馬場頼周は千葉城で滅亡した。この辺りは諸書に詳しい。頼周は主の少弐冬尚を千葉城にすえるため、城主で弟の東千葉胤頼を晴気城に移し、頼周自身が千葉城普請を差配した。そのようなときに剛忠・西千葉胤勝がこの千葉城を攻め落としたのである。

ここで活躍したのが江原石見守で、子孫の伝承によれば、父は「義視様ノ逸族にして……永正年中所領召上ゲラレ」、千葉氏を頼んで父と武蔵から来住した。千葉城の東千葉興常に仕え、若き日の神代勝利と同部屋となって城内を知悉していた。この頃には白石亡命中の西千葉胤勝に仕え、矢作左近将監と水の手から城内に潜入し放火している。主郭の南中腹には「水の手」の地名がのこる。改修工事に徴用されていた郷民らも城内で蜂起し、千葉城は陥落した。矢作左近将監は討ち死にした。なお、小城市三日月町の岡本薬師堂の薬師如来坐像は、この天文十四年の戦いで彦島山宝薀禅寺が焼失して仏像も失われたため、千葉胤頼と領内の僧俗男女らが再造したと胎内銘に記されている。

筑紫や東は大内氏の尖兵で、西千葉氏にはまさに怨敵だった。が、この二人が亡んで西千葉氏の前途が開けたかと言えばそうではない。西千葉胤勝は大内氏に降った。また、二人の死後は東千葉氏は宗主権で満足するようになっていた。こうして千葉氏が自ら再生する道は失われ、だらだらと東西併立の流れが続く。そして東千葉氏も少弐が継いで（少弐千葉氏）少弐一門衆となり、その傘下に降っている。こうした千葉氏の内訌により、龍造寺氏が徐々にその存在感を強め、少弐などの旧勢力を滅ぼしていく。もはや、千葉氏は添え物でしかない。

薬師如来像　岡本薬師堂の本尊　佐賀県小城市

岡本薬師堂　佐賀県小城市

永禄二年（一五五九）、大友家を背景に龍造寺氏・神代氏・江上氏が少弐冬尚を滅ぼし、弟の東千葉胤頼も西千葉胤連に滅ぼされた。こうして勝ち残った西千葉氏も、いつしか龍造寺氏の傘下に降っていく。その転換点は丹坂口（峠）の戦いであろう。そして周辺環境も激変し、大内氏・少弐氏から大内（毛利）氏・大友氏が抗争の主体となっていく。龍造寺氏が九州の覇権争いに加わるのは耳川の戦い後の六年にすぎない。そして一時は肥前国主とも称された平姓千葉氏だが、当の胤鎮の子孫は一門家督を保持できなかった。

戦国末期にも「屋形」と呼ばれていた千葉氏後裔たち

なお、東西千葉氏の子孫は系図以外にも伝わっている。関ヶ原の敗戦の際に佐賀藩の窮地をすくった元佶《げんきつ》和尚は、西千葉胤連が養子の直茂に与えた家臣野辺田氏の子だが、実は胤連が野辺田氏に側室を与えたとき、すでに身ごもっていたとする話がある（「勝茂公譜考補」）。かたや副島彦十郎は、系図に「天正十一年に（父）弥七郎跡式（相続）千葉殿ヨリ」と胤連の子が家督を継いだとある。また、川副の福満寺の増元法師は東千葉胤頼の子という（「長尾山年譜」）。

さて、佐嘉・杵島郡に散在していた千葉氏の被官らはその内訌と衰退により離反し、東は龍造寺氏、西は有馬氏の傘下へと転じていった。のちの龍造寺隆信の五ヶ国着到には、小城郡の徳島・岩部・仁戸田の名も挙がっている。千葉胤紹系の長者の平吉氏も龍造寺氏に仕えた。長島庄の中村氏は、公康の代で有馬義貞から砥川村に宛行を受け、その退潮後には塚崎庄の後藤氏に仕えた。千葉氏の衰退は軍事的敗北によるものではなく、分裂と内訌の果ての自壊、被官らの離反によるものであった。

天文十四年（一五四五）、馬場頼周の陰謀で龍造寺一族は粛清され、水ヶ江龍造寺氏は少弐・東千葉陣営から西千葉陣営に転向した。剛忠が死去した天文十六年（一五四七）、大内義隆は村中の龍造寺胤栄を肥前国代官とした（「龍造寺家文書」）。大内氏との直接の結びつきは、少弐氏・千葉氏からの龍造寺氏の政治的自立をもたらした。天文十七年、水ヶ江の龍造寺胤信（のち隆信）が本家を相続した。二年後には大内義隆から一字を拝領し、最初は隆胤、次いですぐに隆信と名乗った。千葉氏の胤を捨てて大内氏の隆をつける。これこそ、龍造寺氏の千葉氏からの独立宣言であった。

ところで、龍造寺氏の傘下に下った西千葉氏は天正十七年（一五八九）に至っても屋形と呼ばれていた（大塚俊司「戦国期肥前国の屋形様」『佐賀学Ⅱ』）。かたや戦国大名龍造寺氏は国衆出身で、九州では稀であり、そのせいか屋形と呼ばれた記録もなく（今岡典和「屋形考」『十六世紀史論叢』一九）、安国寺恵瓊は「百姓のやうなる龍造寺」が守護家の大友氏を圧倒したと記している（「毛利家文書」）。下剋上的な目で見られていたのか。守護なき肥前において、千葉氏は少なくとも江戸時代前期においても高位の地位にあり、同じくかつては屋形と称された少弐（関）氏とならんで、その家格が尊敬されていたのである。

第五章　嫡流家後裔、徳島信盛の活躍

徳島信盛と龍造寺氏

戦国時代、千葉胤氏の子孫の徳島信盛は、三男でありながら少弐・東千葉陣営に与《くみ》して、一時期は平吉郷中西部を制した。西千葉被官の徳島氏にあって異彩を放つ人物である。

天文二十年（一五五一）十月、大内義隆が滅亡した。少弐冬尚と傘下の十九城主（神代勝利・小田政光ら）が龍造寺鑑兼をかついで造反した。龍造寺隆信は後ろ盾をうしない、家老の土橋《つちはし》千葉胤頼（冬尚の実弟）、さらに島原半島の有馬らも呼応して佐嘉の水ヶ江城を包囲した。隆信は亡命し、土橋が鑑兼の後見として威を振るった。「神代勝利・八戸《やえ》宗暘《むねてる》・高木鑑房・小田政光の四人が『龍・鴨の采地にして之を食む《は》』」（龍造寺や鴨打の領土を分割した）（「日将居士略譜」。以下、「略譜」）。この四人は家人らに城を代わる代わる守らせた。

小田政光は蓮池や筑後に八千余町を領し（「鎮西志」）、少弐麾下の梟雄《きょうゆう》だった。小田氏は佐嘉・神埼では龍造寺にならぶ勢力を有していた。隆信の亡命と共に小城の西千葉胤連、南部平吉郷の徳島盛秀父子や鴨打胤忠も亡命し、少弐・東千葉派の徳島信盛や鴨打新左衛門が領地を横領し、そして東方の小田政光が鴨打領中溝村（佐賀県小城市芦刈町東部）に代官を送り込んだ。

徳島氏は代々西千葉氏に仕え、小城郡南部の平吉郷中西部（芦刈町北部のうち浜中村・芦刈村）にあって西目《にしめ》（牛津川以西）からの脅威に対抗してきた。龍造寺家純は娘を西千葉胤連・徳島盛秀・鍋島清房に嫁がせている。この家純は剛忠の長子にあたる。のち、対有馬同盟の成立時に胤連は甥の鍋島直茂を養子とした。直茂も剛忠のひ孫である。そして徳島盛秀の長子の道可は龍造寺家門の娘（剛忠の孫娘）を、次男の信忠は鍋島信定の娘を妻とした。こうして剛忠は婚姻政策で晴気～牛尾～平吉郷（芦刈町）の牛津川の線を押さえた。対有馬防衛線である。平吉郷はその防衛ラインの一翼にあたり、龍造寺氏は徳島氏と代々婚姻し、芦刈町中西部にも影響力を扶植していた。

信盛の全盛期と小田政光

徳島氏は長子の道可（胤順）が家督を継ぐはずだった。かつて龍造寺氏は少弐（東千葉）陣営だったが、主君の裏切りから西千葉陣営に転じていた。龍造寺家門は娘を徳島道可・小田政光に嫁がせており、そのためか、道可は甥の小田信安を婿養子とした。信安は小田政光の末子だが、道可は西千葉派のままだった。政光は、さらに徳島信盛にも娘を嫁がせた。小田政光は敵陣営の少弐（東千葉氏）派の領袖の一人で、「九州治乱記」によれば、土橋の陰謀に乗じて信盛は東千葉胤頼をかついで佐嘉城を攻めようとし、鴨打胤忠は途中でそれを迎え撃ったという。

龍造寺隆信生誕地胞衣塚　佐賀市

「徳島家旧記」には「左衛門太夫（信盛）は小城の東千葉胤頼を擁立して（千葉氏を）以前のごとく肥前の大王にいたしたく存じ、千葉譜代・小城衆を相催して佐嘉に攻めかかると取り沙汰された」とある。徳島氏は千葉胤鎮の唯一の直系で、時勢の混乱に乗じて大望を持つ者が出ても不思議はなかった。「九州治乱記」や「徳島家旧記」には、徳島信盛が水ヶ江城攻めに加わろうと進軍するのを中途で鴨打が攻撃したとある。

こうして龍造寺隆信が佐嘉郡から亡命し、代わって敵の少弐（東千葉）派が佐賀平野を制した。当時の龍造寺氏は西千葉方だった。隆信の失脚で徳島家中の西千葉派（龍造寺方）も力を失い、徳島信盛が平吉郷中西部を支配した。少弐派の「肥前十七人城持」の徳島氏とはこの信盛だろう。信盛は少弐・東千葉陣営に与し、岳父の小田政光は芦刈町東部（中溝村）に代官をおいている。さらに、佐留志の有馬代官高場は信盛に「阿党」（おもねり徒党をなす）しており、これらを背景に徳島信盛は僭主として蟠踞《ばんきょ》した。そして徳島盛秀や道可・信忠ら西千葉派の名はこれから何年も出てこない。西千葉派の鴨打胤忠は隆信の失脚と共に亡命しており、徳島家でも同じように亡命したのだろう。

　ところで、小田政光は佐嘉郡の水ヶ江城を手中に収めたわけではなく、交代制の加番としての入城だった。だが、蓮池城（佐賀市）と水ヶ江城（のちの佐賀城の前身）は佐賀江川でつながり、隆信の亡命によって小田政光は佐賀江川の今宿や八田江川を制し得た。水上権の掌握とは港津の確保である。小田政光は龍造寺放逐によって、三潴《みずま》郡（筑後）～蓮池～今宿・八田宿（水ヶ江城近辺）～平吉郷に至る水上ネットワークを築いたのだった。小田政光と龍造寺氏の対立は主家少弐のためだけではなく、平吉郷を巡る利害の衝突も背景にあったのだろう。そして、鴨打領たる平吉郷中溝村（芦刈町東部）は「此入江遠浅《とおあさ》船不入」（武雄図書館「肥前一国絵図」）とあり、福所江川はかつては川幅がせまく河口が遠浅で船が入れなかった。だからか、中西部の徳島信盛を婚姻で取り込んで、牛津川の柳鶴の入江を確保した。ちなみに、この入江に近い小字雁津《がんつ》には、のちの丹坂口（峠）の戦いの発端となった境目の城砦があった。

父盛秀・兄信忠の復帰

　天文二十三年（一五五四）、少弐・東千葉方の徳島信盛は太俣（佐賀市久保田町）を奪取した。西千葉派の窪田氏が後継もなく亡くなったため、姻戚関係を口実として進駐したという。ここで龍造寺隆信が鴨打胤忠と挟撃し、徳島信盛は敗れて退却した。

　五年後の永禄二年（一五五九）、東千葉氏が滅んで長者林戦からようやく徳島盛秀・信忠父子の名

徳島道可の「廟」　佐賀県小城市

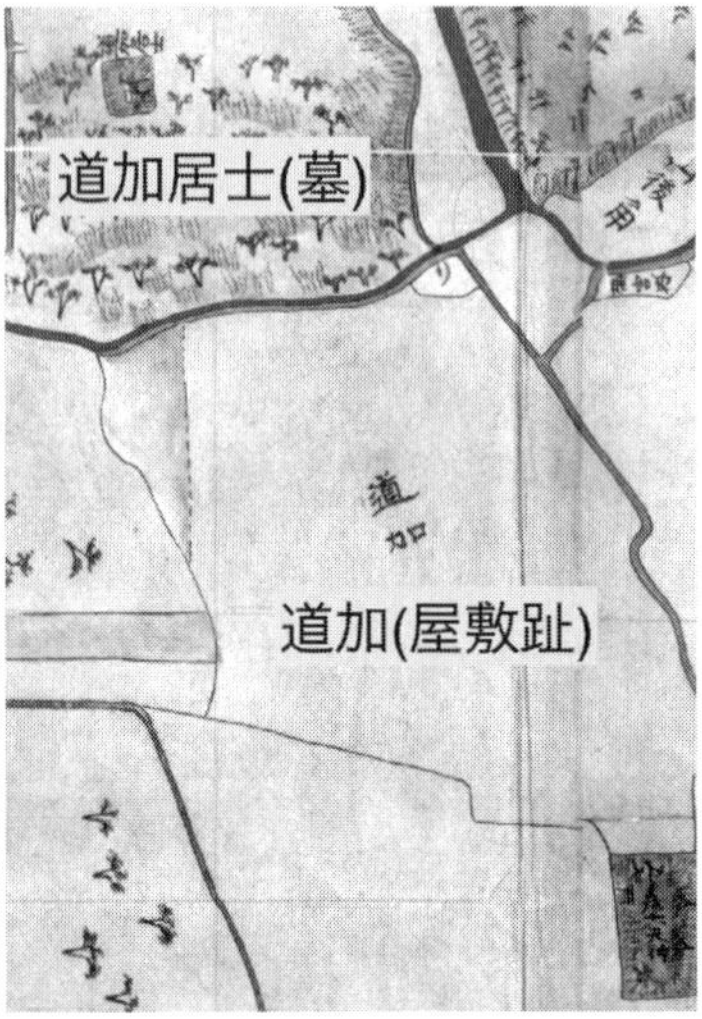

道可の墓と屋敷の位置　佐賀県立図書館蔵の北原村絵図に加筆

がまた出るようになった。徳島信盛が龍造寺氏に降伏し、盛秀・信忠父子が芦刈に復帰したのは小田政光や東千葉が滅亡した後だったのだろう。意外だが、信盛はこの時、まだ亡命していなかったらしい。永禄九年（一五六六）の「天満宮再興棟板写」が信忠と信盛の連名だからである。「徳島文書」には「今の城地、後に御兄弟在館か」とあり、これは陣の森城と思われる。だが、同じ館に住したとするより、信盛が信忠に臣従しつつ浜中村の蝮森城（浜中館）と芦刈村（小路）の陣の森城が併存したとするほうが現実的であろう。

なお、長兄の道可は西千葉派だったため徳島家の家督は継がず（隆信と同時期に亡命したのだろう）、のちに従兄弟の龍造寺隆信の直臣となって、現在の佐賀市大和町久池井に居をかまえた。隆信の佐嘉郡復帰の後だろう。

その後、信盛は今山の戦いで再び反龍造寺陣営に奔ったが、敗戦により筑前国三潴郡に亡命した（「藤津郡志襍俎」）。岳父の故小田政光の所領である。ここには義兄弟の犬塚盛家も亡命しており、共に小田氏との縁故を頼ったのだろう。のち、隆信は藤津郡攻めで強大な有馬勢に当たらせようと、今までの敵対を許して信盛と盛家を先鋒に起用した。決戦は横沢《よこぞう》城でなされ、龍造寺勢が勝利した。かくして、徳島信盛は生き残った。なお、中溝村の鴨打新左衛門については、拙稿「小田政光と芦刈町」（「葉隠研究」九三号）を参照いただきたい。

終章　芦刈町と徳島氏

芦刈町は、佐賀県小城市南部の低平地である。戦国時代には南半分はまだ潟で、北半分は平吉郷と呼ばれていた。標高地図では徳島氏の蝮森城（浜中村）・陣の森城（芦刈村）は低地部の微高地上にある。小路（芦刈村）では、陣の森は鎌倉時代からの遺構で「陣の山」とも呼ばれ（小路館）、肥前一七・一八・一九人城持に数えられた。鴨打氏はもともと微高地上の坊主原に陣（陣城か）していたものを徳島盛秀に逐われており（坊主原の戦い。寺院差出）、そのため、低地の中溝に鴨打城（現在、城跡は宝泉寺となっている）をおいたのだろう。この微高地の周囲は沼沢地や低湿地だった。山からの水は平野北部の農耕で費消され、南部では農耕に使える真水がたりなかった。少弐一門の西千葉胤資が胤鎮系の生き残りに与えたのはこのような土地であった。

千葉氏で初めて小城郡に来たのは千葉頼胤という。元寇で負傷して領地の小城で客死した。ところが「千葉大系図」には、その父の千葉時胤が下総で死去し、肥前国小城郡平吉保（平吉郷）の「阿弥陀堂」に納骨されたとある。また、「千葉大系図」の時胤の条に、平吉保は「此所《ここ》者《は》従頼朝御加恩の地也」と記され、鎌倉時代にはすでに初期小路遺跡・天満宮・阿弥陀堂があった。

さて、小路（旧芦刈村）の曹洞宗福田寺には月星紋の石塔がある。もともとは西隣の末寺の極楽山安養寺趾にあったという。「平朝臣千葉一族森山系図」に「家紋、惣領月に星十二曜也。庶家は九曜替紋根笹」とあるように、千葉惣領家は月星紋とそのバリエーションを用いた。「安養」浄土とは「阿弥陀」仏のいる「極楽」を意味していて、極楽山安養寺の名は二重に極楽浄土＝「阿弥陀」仏を意味する。ここに気づけば、安養寺の前身が「阿弥陀堂」でこの月星紋の石塔が千葉時胤の供養塔であるとの可能性が高いことが理解できよう。

一般的な千葉氏の月星紋に比べ、この石塔の月星紋は月のカーブが浅いが、似た月は他にもあった。東京都あきる野市の臨済宗慈勝寺は千葉常胤の室を祀るが、その月のカーブも同じように浅い。岩手

曹洞宗福田寺　佐賀県小城市

千葉時胤のものと考えられる石塔　佐賀県小城市

県一関市の唐梅城主の千葉頼胤・広胤の月星紋の月もそうである。

この芦刈町の石塔では月星紋の下には三ツ星も刻まれている。千葉氏の妙見信仰の北斗七星は「四三《しそう》の星」とも言い、柄の三ツ星は将軍星の三ツ星紋に通じる。将軍星は武人が多く愛好した意匠であった。肥前千葉一族では原口・北原氏などが三ツ星紋、原氏が月に三ツ星紋を定紋としている。なお、徳島氏の根笹竹輪之内桔梗紋は、正しい紋様は図の通りである。竹輪は時計回りが正しく、一部の反時計まわりは昭和以降である。

これまで幾度かふれたが、千葉教胤の突然の死で一門の家督は嫡流家の胤鎮系から傍系の胤紹系に移転した。叔父の千葉胤氏は惣領職を継承できず、徳島氏は平吉郷中西部に所領を与えられた（明応三年・一四九四）。現在の芦刈町浜中地区には徳島堀があり、その周囲の小字は徳島である。だが、浜

徳島氏家紋

千葉常胤の室の月星紋

一関市唐梅城主の千葉氏の月星紋

中地区の古老によれば、築山観音の南西にある環濠内の旧小島の辺りは、元は太い木々が茂り、その後は家族で耕作していて「徳島に行く」と言っていたという。この旧小島こそ蝮森城（浜中館）の主郭と考えられ、徳島姓の本貫地であろう。蝮森城は徳島氏の初期居館と考えられ、すぐ南には塚が残り、自然石の石塔（廟《びょう》）がある。位置的には、初期徳島氏の石塔の可能性がある。

ところで、千葉義胤は牛津川沿いの納所や芦刈を領し、舟運を制し得る立場にあった。それは徳島氏の小路遺跡（陣の森城趾）で壮大な掘立て柱建物跡や多数の威信財が出土していることからもわかる。城のすぐ近くの小路の天満宮は、明応年間（一四九二～一五〇一）に千葉氏が再建したと伝わり、これは千葉（徳島）義胤であろう。参道は「馬場」、侍が矢を訓練していた東隣地は「藤の的場《まとば》」と呼ばれ、四脚門ができる前は流鏑馬《やぶさめ》に必要な三的《まと》二〇〇メートルも確保できた。徳島氏がつれ伴った千葉家臣団が流鏑馬（騎射）をしていた名残りと考えられ、この小路は千葉系の名字が多い。千葉（徳島）氏が芦刈に着いたのは大晦日の夜で、そのため年縄や門松もなかった。この時の戦いに勝利をえた事から徳島氏はこれを吉例と定め「元朝餅は焼餅、皿は朶《しだ》（ウラジロ）の作り皿、屠蘇酒・香蘇散等も跡方は不用の家例規式也」（「徳島家旧記」）。

信盛の兄徳島道可（胤順）の娘は鍋島信房に正室として嫁いでいる。信房は島原半島の神代《こうじろ》邑主で、道可の娘は二代邑主茂昌の母となった。「葉隠」六には「鍋島豊前守（信房）の御内方が誰かは不明。一説に家来と密通して切り捨てられ、弔いもなく家中にも伝える者がいない。茂昌の母」とある。徳

初期徳島氏の塚・墓である可能性が高い
佐賀県芦刈町

島信盛は藤津郡中村を領し、浜宿の松岡城を守った。浜宿にはキリスト教会が建設され、「鹿島の殿」鍋島信房も洗礼をうけた。これらのためか、道可の娘はキリシタンで、それを隠すために殺されたと潜伏キリシタンの間で言われている、と長崎の研究者・信徒の方からうかがったことがある。

江戸期には徳島氏は佐賀本藩と小城支藩の家臣となり、道可子孫の小城徳島は、幕末に篤胤（健之丞）が小城藩の財政改革を主導し、戊辰戦争や佐賀の役では副司令官を務めた。信忠系統の佐賀徳島は子孫が「葉隠校補」を編纂し、佐賀の役で焼失した多くの文書や系図の再製に尽力した。信盛系統の大野原《おおのばる》徳島は金立の大野原侍で佐賀の役に従軍した。千葉胤鎮の系統は、こうして幕末まで存続した。

なお、拙稿「徳島道可の墓の発見」（「小城の歴史」七七号、二〇一七年）、「肥前千葉氏と川」（「小城の歴史」八六号、二〇二二年）は本書には不掲載である。

あとがき

かつて千葉県大佐倉の勝胤寺の参禅会に参禅していた。下総千葉氏の菩提寺で、その裏山が本佐倉城であった。その後、多古町に庵居して大根を作りながら日々坐禅し、テントで野宿しながら各地を行脚した。この多古が千葉氏の拠点の千田庄であった。下総中山にも住み、そこには中山法華経寺がある。どこもかしこも千葉氏ばかりだった。そして小城市では千葉県北部や千葉氏系の名字が多い。そういえば、多古町で農業生産法人でいっしょに大根を作っていた女性は、熱心な日蓮宗信者だった。小城の祇園川流域に日蓮宗が多いのは、まさに多古の千葉一族や法華経寺の日親らが伝播したものである。御縁としか言いようがない。

肥前千葉氏は似た名ばかりで訳がわからないと地元の歴史愛好家からもよく聞く。だからこそ、定点をもうける必要を強く感じていた。それが本来の嫡流家の胤鎮系である。胤鎮系は肥前千葉氏の嫡流家であるが、その直系の徳島氏は嫡流たるべき立場でありながら庶流となった。福井藩の「越叟夜話」（享保元年・一七一六）では本来、嫡流たるべき系統なのに継がなかった系統を「嫡家《ちゃっけ》」とした。この嫡家を定点とすることで、今までと違う視点から多面的に捉えることができる。

鎌倉幕府は、宗胤の後は弟の胤宗の系統を嫡流とした（下総千葉氏）。長子の宗胤の子の胤貞は一門家督の奪還を狙うも果たせず、嫡庶分裂の趨勢のなかで、胤貞の子の次郎胤泰がその肥前の所領を継いで、その子孫は千葉介を名乗った（胤泰は応永八年に安堵状を発給しており、「千葉大系図」の死亡年・弟説は採用できない）。その後、傍系の胤紹系が家督を継ぎ、嫡流家の徳島氏は庶流となり、肥前千葉氏の嫡家となった。肥前千葉氏の最盛期で知られる胤鎮の血脈は、実にこの徳島氏しか残らなかった。

往時は血筋より家の存続が重視された。遠縁どころか、敵や他家でも一門家督・惣領職を相続すれば、それが既成事実となり、嫡流として正統性を担保しうる。意外に思われようが、その意味では血脈にさほど意味はない。嫡流とは勝者の視点から見た歴史展開であり、嫡流に対する嫡家という見方は敗者に光を当てうる観点になるかもしれない。

そこで、この視点で改めて歴史を読みなおすことは勝者を中心とする歴史を問い直すことでもあり、家督や嫡流、家長制が過去のものとなった個の尊厳を認める現代だからこそ意味がある。少なくとも肥前千葉氏については、少弐（横岳を含む）系に置き換わった後は独立性を失って少弐傘下の一門衆と化しており、そこに本来の平姓千葉氏と区別して論じる実益がある。また、無着妙融は曹洞宗九州三ヶ寺（無着派の三本山）を開創した祖師であり、従来指摘されてきた日蓮宗九州本山の光勝寺とのつながりに匹敵するものであったことも、ここで指摘しておきたい。

ところで、文中には「東」千葉と「西」千葉で表記を行ったが、あくまで便宜上の表現にすぎない。また、文中に正嫡や嫡流・庶子、正室・側室、百姓（一般庶民）・家格といった表現があるが、率直にその根底にある差別観念は認容できない。これらの用語が用いられた時代には封建的身分秩序が社会全般を規定し、これらの観念が下部構造となり、その矛盾が内訌として表出した。

　例えば、一夫多妻制では一門家督の相続は母の生家で決まるのが当時の慣習で、これが長子なのに官職名すら伝わらぬ鴨打新左衛門の造反の背景となった。言葉には膨大な観念が紐づけられ、安易に表層で言い換えると、多くのその観念の連なりが削ぎ落とされる。歴史的事件の背景となった、その概念の持つ矛盾や問題が見えなくなる。

　そこで本書では、個々に妥当性を勘案しつつ可能なものはなるべく当時の表現とした。時代にかかわらず、差別や権威主義は是とされてはならないし、生家・武士などの身分や出自で人間の価値が決まるという思想はあまりに浅薄で固陋《ころう》にすぎる。本書で取り扱うのは武士の話だが、個の尊厳においては他と何ら代わりはない。なお、法号は書籍・系図・由緒書・由来に拠った。

二〇二四年一月

東　統禅

【主な参考文献】

有川宜博「豊前猪嶽合戦について」(『大宰府研究会会報』二八、一九七九年)。
伊藤幸司「日朝関係における偽使の時代」(日韓歴史共同研究報告書、二〇〇五年)
伊藤幸司『中世の博多とアジア』(勉誠出版、二〇二一年)
大石泰史編・日本史史料研究会監修『今川氏研究の最前線』(洋泉社、二〇一七年)
『大分市史』中(大分市、一九八七年)
大園隆二郎『佐賀平野の中世における河川と市場』(佐賀大学、一九八九年)
大塚俊司「南里今村文書」(『研究紀要〈佐賀大学地域学歴史文化研究センター〉』五、二〇一一年)
大塚俊司「戦国期における肥前千葉氏の分裂抗争―文明年間を中心に」(『研究紀要〈佐賀大学地域学歴史文化研究センター〉』六、二〇一二年)
大庭康時・佐伯弘次・坪根伸也編『武士の拠点 鎌倉・室町時代』(高志書院、二〇二〇年)
『神埼市史』第二巻原始・古代・中世・近世編(神埼市、二〇二二年)
『郷土史那珂川』(文生書院、二〇一七年)
『鹿島市の文化財』(鹿島市教育委員会、二〇一五年)
吉良国光「宗教領主背振山の成立と衰退」(『大分県立芸術文化短期大学研究紀要』四七、二〇〇九年)
黒嶋 敏「九州探題考」『史学雑誌』一一六―三、二〇〇七年)
「諸家系図」(小城鍋島文庫、佐賀大学蔵)
『太宰府市史』通史編二(太宰府市、二〇〇四年)

千葉氏研究プロジェクト編『中世小城の歴史文化と肥前千葉氏』（佐賀大学地域学歴史文化研究センター、二〇〇九年）
『鳥栖市誌』第三巻中世・近世編（鳥栖市、二〇〇八年）
中尾　尭『日親――その行動と思想』（評論社、一九七一年）
中島信夫『橘町の歴史』（橘町歴史研究会、一九九二年）
中山　圭「有明海の世界」（大庭康時・佐伯弘次・坪根伸也編『島嶼と海の世界』高志書院、二〇二〇年）
中村知裕「中世有明海における港津と水上交通」（『鍋島報效会報告書』一、二〇〇四年）
野下俊樹「室町・戦国期肥前龍造寺氏に関する予備的考察」（『佐賀城本丸歴史館研究紀要』一八、二〇二三年）
野口実編『千葉氏の研究』（名著出版、二〇〇〇年）
野口　実『列島を翔ける平安武士』（吉川弘文館、二〇一七年）
長谷川博史『大内氏の興亡と西日本社会』（吉川弘文館、二〇二〇年）
服部英雄『歴史を読み解く』（青史出版、二〇〇三年）
肥前千葉氏調査委員会編『中世肥前千葉氏の足跡』（佐賀県小城市教育委員会、二〇一一年）
古庄秀樹「肥前千葉氏の本拠小城」（『中世領主の本拠と城館』北部九州中近世城郭研究会、二〇一八年）
堀本一繁「明応の政変と少弐氏」（『福岡市博物館研究紀要』一〇、二〇〇〇年）
堀本一繁「少弐冬尚滅亡に関する一考察」（『少弐氏と宗氏』二二、一九九四年）
本多美穂「室町時代における少弐氏の動向」（『九州史学』九一、一九八八年）
松尾弘毅「小城佐賀地方における武家支配の黎明」（『千葉の城・鍋島の城』佐賀大学地域学歴史文化研究セン

ター、二〇一八年）
丸島和洋「戦国期肥前有馬氏の勢力伸長と由緒主張」（『東京都市大学共通教育部紀要』一五号、二〇二二年）
宮島敬一「中世後期における国人領主と地方寺社」（所理喜夫編『戦国大名から将軍権力へ』吉川弘文館、二〇〇〇年）
宮武正登「九州の守護・国人・領主の拠点とその形」（『中世領主の本拠と城館』北部九州中近世城郭研究会、二〇一八年）
山田康弘『足利義稙』（戎光祥出版、二〇一六年）
湯浅治久『戦国仏教』（中央公論社、二〇〇九年）
『龍造寺胤家公御事績』（本行寺、一九三八年）
渡辺文吉編『少弐氏と宗氏』（少弐宗体制懇話会、一九八三年より順次刊行）

【掲載地図】

国土地理院地図、3Dカシミール（スーパー地形）、佐賀県立図書館所蔵の絵図（パブリックドメイン）を利用した。


【協力・謝辞】

永松享氏、小城乃はな氏（小城郡絵図製作）、市川明氏、黒井丸氏、南里氏、熊手達夫氏、川副正文氏、市丸昭太郎氏、堤王宏氏、田中豊茂氏、藤野辰夫氏、千葉隆典氏、山喜邦次氏をはじめ、ご協力・激励をいただいた方々に謹んで感謝申し上げます。

【著者紹介】

東 統禅（あずま・とうぜん）

1967年生まれ。早稲田大学法学部卒業。
佐賀県小城市在住、小城郷土史研究会副会長。
著書に『丹坂峠の戦い』『芦刈町戦国史』（いずれもデザインエッグ社）がある。

装丁：川本 要

戎光祥郷土史叢書05

肥前《ひぜん》千葉《ちば》氏《し》の戦国時代《せんごくじだい》
名族《めいぞく》の分立《ぶんりつ》・内乱《ないらん》・滅亡《めつぼう》

二〇二四年二月二〇日　初版初刷発行

著　者　東 統禅
発行者　伊藤光祥
発行所　戎光祥出版株式会社
東京都千代田区麹町一－七
相互半蔵門ビル八階
電　話　〇三－五二七五－三三六一㈹
FAX　〇三－五二七五－三三六五
編集協力　株式会社イズシエ・コーポレーション
印刷・製本　モリモト印刷株式会社

https://www.ebisukosyo.co.jp
info@ebisukosyo.co.jp

ISBN978-4-86403-492-0

〈弊社刊行書籍のご案内〉
各書籍の詳細及び最新情報は戎光祥出版ホームページをご覧ください。
https://www.ebisukosyo.co.jp
※価格はすべて刊行時の税込

【戎光祥郷土史叢書】四六判／並製

01 上総広常――房総最大の武力を築いた猛将の生涯　千野原靖方 著　152頁／1760円

02 相模朝倉一族――戦国北条氏を支えた越前朝倉氏の支流　志村平治 著　152頁／1760円

03 小弓公方足利義明――戦国北条氏と戦った房総の貴種　千野原靖方 著　196頁／1980円

04 黄檗僧 光鑑元如――幻の名刹を中興開山した傑僧　野村武男 著　166頁／1760円

【中世武士選書】四六判／並製

20 大内義隆――名将が花開かせた山口文化　米原正義 著　248頁／2750円

37 島津貴久――戦国大名島津氏の誕生　新名一仁 著　241頁／2750円

【列伝】四六判／並製

戦国武将列伝11 九州編　新名一仁 編　504頁／3300円

【図説シリーズ】A5判／並製

図説 中世島津氏 九州を席捲した名族のクロニクル　新名一仁 編著　173頁／2200円

図説 豊臣秀吉　柴 裕之 編著　192頁／2200円

【シリーズ・実像に迫る】A5判／並製

004 鍋島直茂　岩松要輔 著　96頁／1650円

018 九州の関ヶ原　光成準治 著　112頁／1650円

【戎光祥選書ソレイユ】四六判／並製

004 中世の阿蘇社と阿蘇氏――謎多き大宮司一族　柳田快明 著　207頁／1980円

010 寺社焼き討ち――狙われた聖域・神々・本尊　稙田 誠 著　204頁／1980円